版权声明

© 2019 NATHAN/SEJER, Paris

Titre original de l'oeuvre: *Une année d'ateliers philo-art*

publiée par NATHAN, Paris

保留所有权利。非经中国轻工业出版社"万千教育"书面授权,任何人不得以任何方式(包括但不限于电子、机械、手工或其他尚未被发明或应用的技术手段)复印、拍照、扫描、录音、朗读、存储、发表本书中任何部分或本书全部内容(包括但不限于光盘、音频、视频等)。中国轻工业出版社"万千教育"未授权任何机构提供源自本书内容的电子文件阅览、收听或下载服务。如有此类非法行为,查实必究。

Une année d'ateliers philo-art

和儿童一起做哲学

用艺术促进孩子的深度思考

[法]基娅拉·帕斯托里尼（Chiara Pastorini）/著
林佩 杨冬／译

中国轻工业出版社

图书在版编目（CIP）数据

和儿童一起做哲学：用艺术促进孩子的深度思考 /（法）基娅拉·帕斯托里尼（Chiara Pastorini）著；林佩，杨冬译. -- 北京：中国轻工业出版社，2025.8.
ISBN 978-7-5184-5594-2
Ⅰ.B
中国国家版本馆CIP数据核字第2025K8E195号

责任编辑：张天怡　　　责任终审：张乃柬
文字编辑：徐烨佳　　　责任校对：刘志颖
策划编辑：孔胜楠　　　责任监印：吴维斌

出版发行：中国轻工业出版社（北京鲁谷东街5号，邮编：100040）
印　　刷：中国电影出版社印刷厂
经　　销：各地新华书店
版　　次：2025年8月第1版第1次印刷
开　　本：710×1000　1/16　印张：16.5
字　　数：221千字
书　　号：ISBN 978-7-5184-5594-2　定价：88.00元
读者热线：010-65181109
发行电话：010-85119832　　010-85119912
网　　址：http://www.chlip.com.cn　http://www.wqedu.com
电子信箱：1012305542@qq.com
版权所有　侵权必究
如发现图书残缺请拨打读者热线联系调换
201526Y1X101ZYW

译 者 序

我很荣幸作为译者,把这本法国儿童哲学实践教材引入中国。2018年,我在法国留学,曾多次路过本书作者执教的机构——"小光芒"(Les Petites Lumières,也有人将其称为"小灯")儿童哲学工坊。这是一个创办于2014年的儿童哲学工坊,其创始人基娅拉·帕斯托里尼(Chiara Pastorini)是一位哲学博士。她和其他33名项目成员共同为4—14岁的儿童提供艺术与哲学相结合的实践项目,这些项目活动非常吸引人。我当时就在想:中国的孩子们要是也能体验这些有趣且有意义的活动就好了!这本书的引进弥补了我们在这方面的缺憾,且具有多方面的重要价值。

第一,它让我们认识到:哲学不是神秘的事物,我们不必将其束之高阁。哲学和我们的日常生活息息相关,任何人(包括孩子)都可以接触它、谈论它!作者在这本书里谈到的很多概念("美""情绪""自由""平等""感觉""认知"等),都值得我们每个人重新去认识。家长们也不必担心孩子们无法理解这些看似抽象的概念。孩子们会通过亲身体验,以一种循序渐进的方式进入哲学的情境,并在其中学习如何发问,与其他孩子对话,形成对集体的认识。在这个意义上,哲学是人们在一种具体的情境中探讨具体的问题的活动。虽然在教师的引导下,孩子们对具体问题的探讨会慢慢变成一种普遍的、发散的、抽象的思维演练,但是由于它大多时候仍是一种面向具体情境的思考或行动,因此孩子们还是能理解的。

第二,这本书中的活动,如讨论、游戏、艺术实践等,都非常适合孩子们爱问、爱动的天性。每一次的对话、艺术实践、艺术品手工制作活动,都可以把哲学中抽象的概念具象化。本书中的每项活动都曾在"小光芒"

儿童哲学工坊经过多轮检验，正因如此，本书极具实践价值。"小光芒"儿童哲学工坊所提倡的"整全法"（holistique）的基本理念是：①身体和精神是一体的，观念受身体影响；②在亲身实践的过程中，思维得以形成和发展。作者曾多次强调：艺术实践的目的不是提高孩子们的艺术创作能力，但这个过程确实会激发孩子们的创造力，增强他们的敏感性。书写、绘画及手工等艺术实践是为了帮助孩子们审视自己的情感和经历，从而帮助他们在抽象化的过程中形成理性。经过多个专题活动的演练，孩子们将获得通过艺术表现思想的能力。

第三，本书所涉及的艺术实践和讨论都是集体性活动，孩子们能在其中学会与人协作。在团队交流和与人协作的过程中，孩子们需要"辨别、命名、管理和分享"自己的情绪。这会让他们更善于识别自己的情绪，学会与团队成员积极合作。本书践行的是一种自然而然的公民教育，教师会在第一节课上引入"规则"的概念，让孩子们共同制定未来在课堂上需要遵守的规则。如果规则是孩子们经集体讨论制定的，孩子们就会更愿意遵守它，而不是破坏它，这正是社会良好运行的重要前提。在之后的课程中，孩子们通常都是围坐成一圈，根据一定的规则有序发言。他们会发现：在同一个问题上，每个人的想法是如此千差万别，而且这些想法背后都有各自的前提和情境，由此，他们可以对多元且丰富的世界多一分理解。值得一提的是，在整个过程中，教师并非权威的知识传递者，而是中立的、善意的、能给人安全感的活动组织者。

本书结构非常清晰，第一部分是作者对儿童哲学理念和课程的解释，第二部分（包含五章）是分主题的活动演练。在第二部分，对于每项活动需要什么材料、如何使用这些材料、教师如何在具体的情境中引导发问、儿童可能会有怎样的回答以及教师引导的方向策略，都有详尽的阐释。建议教师和家长在仔细且完整地阅读完第一部分后，配合专题活动进行实践，这样能在最大限度上发挥本书作为儿童哲学教材的功效。需说明的是，决定让孩子们接触儿童哲学并不难，因为它的重要价值已经在方方面面得到了印证；但是如何把这些理念通过长期的训练和维护嵌入孩子们的思维及日常实践，却是久久为功的事业。

儿童哲学在美国、法国、澳大利亚及挪威等国均已被纳入国家规定的课程体系，而在我国，上海、杭州、香港等地的学校和社会机构也已经率先开展了儿童哲学课程。未来，将有越来越多的人会认识到儿童哲学对孩子们建立完整人格的重要性。本书提及的一些价值理念和能力培养值得珍视，比如：帮助孩子们学会区分哲学问题和非哲学问题（如科学问题、法律问题、事实问题等）；鼓励孩子们给出"自己的"答案，而非寻找"正确的"答案；倡导孩子们学会彼此尊重、倾听和互助；践行可循环和可持续的生活理念……在人工智能、数字茧房、程序化思维充斥人们视野的当下，这本书将鼓励人们放下工具思维，重新思考人何以为人、社会如何运行等基本问题。因此，本书不仅适合送给孩子们，也适合送给每个曾是孩子、如今对人和世界及其关系仍葆有好奇心的大人们！

这本译作是国家社会科学基金项目"中华文明在法语国家和地区传播机制和影响力实证分析研究"（编号：23CXW016）的阶段性成果之一，希望可以为我国在该领域的研究添砖加瓦。

林　佩

南京大学信息管理学院助理教授，

特聘研究员

原著推荐序

儿童哲学于 20 世纪末在法国问世，基娅拉·帕斯托里尼的这一作品是她对法国儿童哲学实践做出的重要贡献。这部作品将艺术实践与哲学实践结合起来，在儿童哲学工坊实践中具有极强的实用价值。这个领域的探索发端于法国里昂的哲学艺术协会、比利时布鲁塞尔的瓦隆-布拉班特省的世俗中心及比利时列日的哲学城邦联盟等机构。同时，人们还常常能在联合国教科文组织举办的新哲学实践（Nouvelles Pratiques Philosophiques，NPP）国际学术研讨会上看到与之类似的实践和研究。

本书的主要价值在于提出了一种叫作"整全法"的方法，即通过整合感知和概念来激活身体与思想。作者首先阐明了本书的思想和做法脱胎于斯宾诺莎（Spinoza）哲学体系——这是一种批判了笛卡尔（Descartes）的身心二元论的一元论哲学。从尼采（Nietzsche）的角度来看，概念与身体的情感紧密相连，赋予艺术实践以哲学意味，具有重大意义。这种创新做法尤其适用于幼儿园，因为那里的孩子还不会读写，但喜欢绘画和模仿；它同样适合那些在书写和理解抽象概念的过程中会遇到困难的孩子。事实上，这种方法适用于任何年龄段。它鼓励人们回归自己的身体，将身体视作创造性思维的来源。它还倡导艺术实践，能帮助我们以一种别样的方式探索抽象的概念。

认知神经科学和神经心理学领域的新发现——身体会思考，为这种创新做法提供了科学依据。美国神经科学、心理学和哲学教授安东尼奥·R.达马西奥（Antonio R. Damasio）写道："笛卡尔否认身体会思考，认为这不符合科学,在这一点上,斯宾诺莎是对的。"①结合科学研究和哲学路径将会是一场有趣的实验。基娅拉·帕斯托里尼是一位哲学家,也是路德维希·维特根斯坦(Ludwig Wittgenstein)的拥趸,她的哲学论文就是基于维特根斯坦的理论撰写的②。她把精力投注在哲学与儿童的联系上,深信研究者和实践者能从前人的遗产中挖掘出与这个领域相关的有用信息。

这本书的价值还在于为实践者提供了明确的指导,包括教学指南中的建议,以及所附的专题活动表格,为实践者有条不紊、循序渐进地开展教学活动提供了支持。从课程内容来看,将艺术和哲学联系起来的方式包含以下三种。

第一种,先引导儿童思考,再鼓励他们开展艺术实践,比如绘画。这是一种用艺术把思想实体化的方式,艺术表现会因思考而变得丰富。

第二种,以具体的材料(比如图像)为起点,鼓励儿童基于材料进行思考训练。这种方法从感知、感官体验(例如一幅画)出发,利用其审美维度定义什么是艺术品、美、审美判断、艺术创作或审美沉思,然后开展一场关于审美的讨论。同时,艺术品的隐喻还可以成为我们进行反思性思考的契机。越是抽象的、充满隐喻的和有内涵的图像,越能激发人们对其中相关概念的讨论,例如用《自由引导人民》(La liberté guidant le peuple)这幅画作引发人们对"革命"这一概念进行讨论。同样,符号也可以用于形成概念化思维,如天平代表"公平正义"等。

第三种,提供一种以活动为载体的艺术体验,如集体绘画、跳舞、哑剧表演等,以引发儿童积极的思考。在我看来,第三种方式最接近本书所倡导的"整全法"。因为在这里,敏感性、创造力和想象力会丰富人们的反思性思考,这也是人们在阅读文学史或神话故事时会发生的情况,即在调

---

① Cf. A. R. Damasio, *L'erreur* de Descartes, *La raison des émotions*, Odile Jacob, 2010; *Spinoza avait raison*, Odile Jacob, 2003.

② Le titre de sa thèse est *Conceptualisme et non-conceptualisme chez Ludwig Wittgenstein* et porte sur les relations entre la perception, le langage et la pensée, Université Paris 1, 2008.

动自身情感的过程中产生哲学问题。①

　　艺术与哲学在儿童哲学实践中相互提供养分。这并非偶然，因为它们本身就是人类创造的两种文化。它们与信仰和科学一样，都试图回应人类对意义的追求。正因如此，它们的相遇才显得如此富有人文内涵。

米歇尔·托齐（Michel Tozzi）
法国蒙彼利埃第三大学哲学教师
联合国教科文组织儿童哲学教育专家

---

① Cf. M. Tozzi, *Débattre à partir des mythes. À l'école et ailleurs*, Chronique Sociale, 2006.

目 录

第一部分　教学指南

为什么儿童需要做哲学？　/003

儿童哲学的教学方法　/011

活动开展的流程　/019

正式进入哲学工坊　/026

课程规划表　/045

第二部分　阶段性课程

第一章　哲学是什么？　/053

活动 1　哲学，一台制作"为什么"的机器　/054

活动 2　苏格拉底，一个热爱知识的人？　/062

活动 3　我是谁？　/069

活动 4　我可以脱离他人独自生活吗？　/079

活动 5　朋友还是恋人？　/085

活动 6　友谊的代价是什么？　/096

活动 7　别人能否让我更好地了解自己？　/100

第二章 艺术是什么? /105

活动 1   成为艺术家,意味着什么? /106

活动 2   美还是丑? /112

活动 3   什么是艺术品? /117

活动 4   艺术是模仿还是创造? /120

活动 5   艺术会让我们更自由吗? /125

活动 6   情绪是什么? /129

活动 7   我能不能通过艺术表达情绪? /133

第三章 自由是什么? /139

活动 1   自由,意味着什么? /140

活动 2   权利还是义务? /149

活动 3   自由,还是不自由? /154

活动 4   我们能够兼顾自由和工作吗? /156

活动 5   如果可以隐身,你会做什么? /160

活动 6   好还是坏? /164

活动 7   暴力意味着更自由吗? /169

第四章 相似还是不同? /175

活动 1   我和别人一样吗? /176

活动 2   不同还是不平等? /183

活动 3   女孩还是男孩? /190

活动 4   正常还是不正常? /193

活动 5   人类和其他动物一样吗? /198

活动 6   动物之舞 /202

活动 7   共同生活容易吗? /206

第五章　认知是什么？　/215

活动 1　我感觉到了，意味着我知道吗？　/216

活动 2　人可以相信自己的感官吗？　/222

活动 3　从柏拉图的《洞穴之喻》到即兴戏剧　/228

活动 4　从柏拉图的《洞穴之喻》到影子戏剧　/232

活动 5　真实还是虚假？　/236

活动 6　相信还是知道？　/239

活动 7　学校有什么用？　/243

第一部分
教学指南

为什么儿童需要做哲学？

儿童，可以做哲学吗？

在过去的二十多年里，法国的小学和一些特殊教育机构一直在发展新的哲学实践。但是，人们不禁要问：对于儿童而言，学习哲学是不是太难了？为儿童提供哲学教育是不是太早了？

为了回答这一系列疑问，我们需要了解儿童哲学到底意味着什么，澄清一些模糊不清的概念。

在此之前，我们先要说明儿童哲学不是什么——它不是对哲学史的学习。

一些评论家认为，对于做哲学而言，必不可少的是阅读书籍，尤其是经典的哲学著作。我们必须努力理解，才能诠释作者想表达的意思。然而，儿童哲学与之不同：即使我们可以在儿童哲学实践中使用一些文本，比如虚构的故事、歌曲、诗歌等，但经典的哲学著作通常不在考虑范围内。人们可以时不时地按照主题需求引用这些文本，或者在某种情境中对孩子们说："瞧，有一位哲学家的想法和你们的想法一模一样！"但是，我们绝不应该把哲学家说的话当作权威，它只是用于鼓励孩子们思考的策略。

与儿童一起学习哲学，意味着鼓励他们思考，以发展其自主推理能力。在哲学工坊的实践中，儿童将发展为自主的个体，通过思考给出"自己的"答案，而非寻找"正确的"答案。

存在所谓的"适合学哲学的年纪"吗？

没有所谓的"适合学哲学的年纪"！有些专业的哲学家已经意识到这一点。古典思想家伊壁鸠鲁（Épicure）曾经说过："当一个人年轻的时候，不要让他耽误了对哲学的研究；当他年老的时候，也不要让他厌倦哲学，因为要获得灵魂的健康,任何人都不会有太早或太晚的问题。"①

米歇尔·德·蒙田(Michel de Montaigne)也提醒我们:"既然哲学是教我们如何生活的(科学),既然它对童年和其他年龄段的人都有意义,那么为什么不早点把它教给儿童呢?……儿童刚断奶时,理解哲学往往比学习读写容易,而且哲学的主题适合人生的各个阶段,从幼年到老年皆是如此。"②

儿童自从掌握了复杂的语言表达能力之后,就开始自发地提出问题。起初,他们会问很多"为什么";到了三四岁,他们会就生与死的意义、自己与他人和整个世界的关系提出更具体的问题:"为什么人总有一天会死?""机器和我有区别吗?""为什么我不能随心所欲?""为什么我总是不快乐?"——这些都是真正的哲学问题,具有普遍性,是生命的核心。

我也很好奇:为什么当一个孩子开始计数和进行简单运算时,我们说他在做数学题;当他在纸上涂鸦时,我们说他在画画;而当他提出哲学问题时,我们却没有意识到他在做哲学。

什么是儿童哲学?

儿童哲学简史

尽管如我们所见,早就有思想家认为儿童哲学不仅是可行的,而且是值得期待的,但儿童哲学作为一门学科被人们承认却是很晚才发生的事情。20世纪70年代,美国哲学家马修·李普曼(Matthew Lipman)和他的合作者安·玛格丽特·夏普(Ann Margareth Sharp)共同制订了一项计划,旨在帮助儿童从小学开始学习哲学。李普曼最初是美国哥伦比亚大学的教授,他之所以要实施这个项目是因为他在大学教授课程时发现孩子们缺乏批判性思维。于是,他得出结论:儿童越早接触哲学越好,绝不应该到读大学时才开始学习哲学!

---

① Cf. Épicure, *Lettres et maximes* (traduction du grec par Marcel Conche), Mégare, 1977,§1.
② Cf. M. de Montaigne, *Les Essais*, Livre I, chap.XXVI , Gallimard, Quarto, 2009, p. 201.

李普曼开创了一种通过文本引发儿童思考的方法，他与安·玛格丽特·夏普共同使用这种方法来帮助儿童发展思考能力。这种方法一开始要求参与者界定基本概念，或者区分不同的概念，他们把这个步骤叫作"概念化"；随后要求参与者通过辩论的方式明确立场，即"论证"；再通过设定前提和基本规则来提出问题，即"问题化"；然后通过给出正例和反例的方式支持或反驳假设，进行类比，形成假说，将其抽象化为哲学问题。在讨论的过程中，参与者要重新组织自己的话语，提出原创性观点，厘清不同想法之间的联系和区别，考虑假设的后果，倾听别人的意见，并给予回应……它是一种集合多人的认知，形成共同理解的过程。李普曼认为，以下三种思维在这类集体讨论中起着关键作用。

- 批判性思维。它呼唤的是一种逻辑推理能力（概念化、评估假设的后果），但又不止于此。这种思维立足于一些标准化的概念，并且会根据语境做出自我调整，是一种有益于判断的思维方式。
- 创造性思维。它是一种形成新的原创观点的思维方式，能够发现不同观点之间的联系。
- 专注性思维。它不仅决定了儿童如何对待他想了解的对象，也决定了儿童与其他参与者之间在思想（不同的想法之间）、情感（是否具有同理心）和行为（倾听、尊重规则等）方面的关系。

本书的关键词"思考""创造"和"共同生活"就与这三种思维相关。显然，它们之间没有明确的界限。当你以其中一种方式思考的时候，常常也会启动另外两种，这就是李普曼所说的"多维思维"。

李普曼的方法最初是为儿童设计的，但事实上适合所有年龄段的人。因为游戏过程致力于推动个体态度和思维方式的转变，而非具体知识的掌握。做哲学不仅是对概念的解剖，而且不限于对传统哲学文本的阅读。它更像是从书写材料出发，引导儿童对一些根本性问题进行自主思考，并使其在思考的过程中获得逻辑分析和判断的能力。李普曼曾总结道："做哲学不是指学习哲学家的思想，而是用一种批判的、实践的、主动的思维方式去生活。"

自李普曼的教学方式推广以来,儿童哲学已经在世界各地发展起来。2016年,联合国教科文组织在法国南特大学成立了一个关于儿童哲学实践的委员会。随着这门起源于美国的学科在世界各地被推广和接受,各种新型儿童哲学方法也逐渐兴起。尽管在实践过程中,可以说有多少位教师,就有多少种哲学方法,但人们通常根据其目标导向将这些方法划分为三大流派。①

- 第一种是哲学流派。这个流派把儿童哲学实践的重心放在思考和哲学的逻辑训练上,代表人物有:奥斯卡·柏尼菲(Oscar Brenifier)、埃德维热·希鲁特(Edwige Chirouter)、弗朗索瓦·加利谢(François Galichet)、马修·李普曼、让-查尔斯·佩捷(Jean-Charles Pettier)、米歇尔·萨塞维尔(Michel Sasseville)、米歇尔·托齐。
- 第二种是公民教育流派。这个流派强调的是民主生活,代表人物有:西尔万·康纳茨(Sylvain Connac)、阿兰·德尔索尔(Alain Delsol)、让-查尔斯·佩捷、米歇尔·托齐。
- 第三种是精神分析流派。这个流派强调的是主体精神的认知,代表人物有:阿涅丝·波塔尔(Agnès Pautard)、雅克·莱维纳(Jacques Lévine)。

除了这些分类外,还有些人同时属于两个不同的流派,如米歇尔·托齐和让-查尔斯·佩捷兼属第一流派和第二流派。

我们认为还有第四种,就是"整全法"流派,即艺术创作和审美沉思,它主张通过身体、精神、感性和理性来共同获得主体认知,代表人物有:利蒂希娅·拉卡耶(Laetitia Lakaye)、弗雷德里克·勒努瓦(Frédéric Lenoir)和本书作者基娅拉·帕斯托里尼。

---

① Cf. E. Chirouter, *Ateliers de philosophie à partir d'albums de jeunesse*, Hachette Éducation, 2011, p. 16.

这本书是"整全法"流派贡献给教育者使用的儿童哲学实践工具，即通过口头表达和艺术实践引导儿童进行哲学思考。其中，艺术实践被视为一种不同于语言表达的概念探索方式。

儿童哲学培养的能力

尽管教师在教学方式上有诸多不同，但其教学目标有许多一致性。具体而言，哲学实践有助于儿童探索者获得以下能力：

- 公开发言的能力；
- 口语表达能力；
- 参与民主辩论并遵守辩论规则的能力；
- 验证自己的假设并赋予其价值的能力；
- 倾听且尊重别人的观点和表达，并赋予其价值的能力；
- 拓展词汇量、理解词义、准确掌握词语的能力；
- 构建自己论点的能力；
- 批判性思考的能力。

概括地说，哲学实践旨在引导儿童：

- 在自主思考的过程中发展理性，形成主体意识并且学会给出"自己的"答案，而非寻找"正确的"答案；
- 自我愉悦，并且获得自信；
- 学会辨别、表达，并在表达的过程中更好地理解自己的情绪，同时更能理解他人的情绪；
- 发展同理心、合作意识和对他人的宽容心；
- 更有公民意识，成为更有责任感的人。

从这些意义上讲，儿童哲学工坊的实践的确像一种公民教育。

教育者在儿童哲学中的角色

在这些形式多样的教学方法里，教育者还是：

- 活动的领导者（重组信息、重新发问、澄清观点等）；

◆ 哲学观点的负责人（发展某些思考技能）。

在精神分析流派学者莱维纳看来，教育者要"退居幕后"。在几十分钟的活动里，孩子们通过传递发言棒，轮流自由地表达他们对某个主题的观点。在此之前，教育者要作为主持人给定一些词语，以引导讨论开始。当儿童开始对话后，主持人会站在圈外记录参与者的发言。而后，主持人简单地梳理孩子们的观点，并鼓励他们进一步表达，或者做一些修正工作。尽管主持人在整个过程中不参与讨论，也不会提出新的问题，但他仍然是一个领导者，在整个讨论过程中起着非常重要的引导作用。

这种方式为儿童提供了表达空间，让他们在有成人在场的情况下展开讨论。在整个过程中，请不要让儿童感觉自己会被评价或者被衡量。如此，他们将对自己的表达越来越有信心。同一个流派的学者所使用的方法会有所不同，比如马修·李普曼、米歇尔·托齐和其他一些"整全法"流派的实践者，他们鼓励儿童养成思考的习惯，提倡主持人介入讨论的部分环节，如提出问题、制定规则、规范表述、下定义、示范和举反例等。

发展中的儿童哲学

进入 21 世纪以来，人们越来越希望儿童具备有序讨论的能力。2015 年，法国颁布的《重建共和国学校法》（La loi pour la refondation de l'École de la République）提到要重新确立哲学讨论在道德和公民教育中的意义。在 2018 年的教学改革中，有人提出"哲学"这一概念对于儿童而言实在太难了，应将其取消，并以"有序讨论"和"辩论"代之。然而，由于道德和公民教育强调培养构建公民文化所需的能力——尊重自我和他人（如接受并尊重差异、倾听他人和提出有论据的观点、培养辨别能力和批判性思维），这使得哲学讨论成为一种不可或缺的、适宜的教学手段。

因此，哲学工坊的实践非常契合法国的教学大纲，尤其是在学校每周 1 小时的道德和公民教育课程中得以体现。2018 年经调整后的道德与公民教育旨在实现三个紧密相关的目标，它们在许多方面与哲学实践的目标相契合：
- 尊重他人；
- 理解并共享自由、平等和博爱的理念；
- 构建公民文化。

道德和公民教育所要求的大部分能力都能通过本书中的训练获得，其中部分章节还是专门为道德和公民教育所准备的。

道德和公民教育在儿童哲学中的体现如下。

模块一：获得同理心
- 在情绪稳定和关注他人感受的情况下表达自我；
- 尊重自我，且能够倾听他人和富有同理心；
- 表达自己的观点并尊重别人的观点；
- 理解和接受差异；
- 具有合作意识；
- 理解自己是集体中的一员。

模块二：尊重规则和法律
- 尊重公共规则；
- 理解在民主社会中遵守规则和法律的理由及重要性；
- 了解民主社会的基本准则和价值观；
- 理解制度与伦理之间的关系。

模块三：价值判断
- 发展辨别能力和批判性思维；
- 在辩论（或是有序讨论）中能将自己的观点与他人的观点进行比较；
- 准确地获取信息；
- 区分公共利益和个人利益；
- 具有公共意识。

模块四：责任感的养成

- 对自己的承诺负责任；
- 对别人负责任；
- 在学校和其他场合能够参与一些事务并承担责任；
- 对集体生活和公共环境有着积极主动的公民意识；
- 知道如何参与协作，并通过这一过程反思和丰富自我。

道德和公民教育所要求的能力可在本书以下章节活动中找到：

- 理解在民主社会中遵守规则和法律的理由及重要性（第一章，活动 1、2）；
- 了解民主社会的基本准则和价值观（第一章，活动 1、2）；
- 理解制度与伦理之间的关系（第一章，活动 1、2）；
- 学会在不同的场景中表达情绪和感受（第二章，活动 6、7）；
- 辨认并了解一些基本情绪，如恐惧、愤怒、悲伤和快乐等（第二章，活动 6、7）；
- 掌握关于感情和情绪的词语（第二章，活动 6、7）；
- 了解与规则和法律相关的词语，如"权利""义务""规则""章程"和"法律"等（第一章，活动 1、2；第三章，活动 2）；
- 了解公民的权利与义务，以及《人权宣言》(Déclaration des droits de l'homme)（第三章，活动 2）；
- 理解"权利""义务"和"规则"等词语的概念，并将其运用在课堂、机构和社区生活中（第一章，活动 1、2；第三章，活动 2）；
- 定义个体的自由（第三章，活动 1、2、3、4、5、6、7）；
- 了解儿童的权利（第三章，活动 2）；
- 尊重差异：培养多样化的观念，知道哪些是伤害他人的行为，如种族主义、反犹太主义、性别歧视、排外、骚扰等（第四章，活动 1、2、3、4、7）；

- 了解什么是刻板印象和偏见（第四章，活动1、2、3、4、7）；
- 定义法律上的平等（第四章，活动2）；
- 理解"平等"和"歧视"的概念（第四章，活动1、2、3、4）；
- 理解男孩与女孩是平等的（第四章，活动3）；
- 具有公民意识（第四章，活动7）；
- 用简单的语言解释"博爱"和"团结"（第四章，活动7）；
- 准确地获取信息（第五章，活动1、2、5、6）；
- 区分"相信"和"知道"（第五章，活动6）；
- 学会判断哪些信息来源是可靠的（第五章，活动1、2、5、6）；
- 学会收集信息（第五章，活动1、2、5、6）；
- 学会分辨什么是客观事实，什么是主观见解（第五章，活动1、2、5、6）；
- 培养辨别是非的能力（第五章，活动6）；
- 了解受教育的权利（第五章，活动7）。

儿童哲学的教学方法

整全法

本书所提出的方法借鉴了儿童哲学教育创始人马修·李普曼的研究成果，这种方法可以被称为"整全法"。

"整全"（holistique）是一个新词，来源于希腊词语"holos"，意思是"完整的"。"整全"指的是在我们的方法中，儿童被视为完整的人，其精神和肉体是不可分割的。

李普曼也曾使用"整全"一词，他在著作中称"整全"是创造性思维的一个特征。①

他使用"整全"一词的一个目的是提醒人们在观点之间构建联系，从而提出新颖的、原创的想法；其另一个目的是希望人们整合批判性思维和专注性思维。

从逻辑视角（但不一定依照时间顺序）出发，哲学实践可分为以下两个时期②：

◆ 口语实践时期；
◆ 艺术实践时期（绘画、雕塑、戏剧、舞蹈、音乐、写作等形式）。

口语实践和艺术实践看似彼此独立，事实上，它们彼此依赖，对于培养哲学能力而言都是不可或缺的。正如米歇尔·托齐③所建议的，教育者用这两种实践可以着重培养儿童的以下三种思维方式。

◆ 概念化。定义概念，即在剖析正例和反例中拓展对概念的理解，在辨析概念中区分不同词语的属性和结构。概念化意味着超越词语的字面意义，探究其在不同语境中的含义。
◆ 问题化。质疑问题本身、自己的观点、他人的观点，以及它们的来源、前提和结论。问题化需要从更深层面挖掘问题的本质，而不仅是了解看起来与之最相关的方面。④
◆ 论证。通过系统阐述假设和论点，表达支持或者反对的意见。论证就是指双方通过持续辩论，形成系统的论点。

讨论是口语实践时期最重要的方式，它借鉴了苏格拉底（Socrate）的

---

① Cf. M. Lipman, *À l'école de la pensée*, De Boeck, 2011 (3°éd.), pp.241-247.
② Cf. le site du projet *Les petites Lumières*.
③ Cf. M. Tozzi, *Comparaison entre différentes méthodes de philosophie avec les enfants pratiquées en France, dans la période 1996-2012, Diotime*, n°55, janvier 2013, p. 7.
④ Cf. Id., *Contribution à l'élaboration d'une didactique de l'apprentissage à philosopher, Revue française de philosophie*, 1993, p. 21; cf. F. Galichet, Philosopher à l'école primaire, in Diotime n°14, 2002.

"助产术"（méthode maïeutique，源于希腊语中的"maieutikê"，指的是"帮助分娩的技术"）。在哲学场景下，它当然不是指帮助分娩孩子，而是指针对给定的答案，不断提问，以产生更多原创的、不夹杂偏见的观点。以下是行动的目标：让儿童围绕一个主题区分概念，不断提问，并在这个过程中培养儿童的批判性思维。哲学不是关于答案的教育，而是关于问题的教育。在这样的理念下，教育者只是使论证得以顺利进行的协调者。教师不仅要鼓励儿童不断地进行自主思考，还要通过对其表达的观点不断地进行追问、澄清、定义、论证，从而推动思考不断演进。

做哲学，就是学习使用概念的过程。但是，我们常常忘记这样一个基本事实：身体是我们进行抽象化思考的基础。感知始于我们用眼睛阅读、用耳朵倾听、用双手触碰；始于我们对世界、他人以及自我的感官体验。没有身体的感受，我们无从谈论思考。然而，在谈论哲学或者是做哲学的时候，我们往往会忘记这一点。

"整全法"还鼓励我们把艺术实践和口语表达联系在一起，把儿童身体的感知置于思考过程的核心。在哲学与艺术相结合的课程中，儿童是艺术实践的主体，其身体的创造性姿态是哲学追问的来源。

在这个意义上，我们可以发现艺术和哲学相结合的两种可能性。第一种是让儿童作为艺术作品（绘画、电影、雕塑、照片和戏剧等）的鉴赏者，通过分析这些作品进行思考；第二种则采用相反的视角，将艺术实践视为创作者思想的外化，通过对其进行反思来促进创造性表达。

因此，艺术和哲学的结合形式可以有以下三种：

- 儿童作为艺术实践的主体，他们身体的创造性姿态是哲学追问的来源（整全法）；
- 儿童是艺术作品（图像、绘画、照片等）的鉴赏者，对艺术作品的鉴赏能够激发其反思性思考；
- 儿童从哲学思考出发，构思和完成艺术作品，如绘画、拼贴画等。

课程（尤其是在第一阶段）促进儿童探索哲学与艺术相结合的后两种

可能性：将艺术实践作为一种工具来引发思考，以及将艺术实践作为思考的延伸。很多儿童还不习惯哲学性的提问，更不用说通过艺术实践进行哲学质疑了。

然而，将艺术实践中的积极体验作为哲学思考的起源，是"整全法"的核心，对于儿童的思维训练而言是最富有成效且最适用的途径。①

下面是采用"整全法"的工坊中的儿童作品示例。

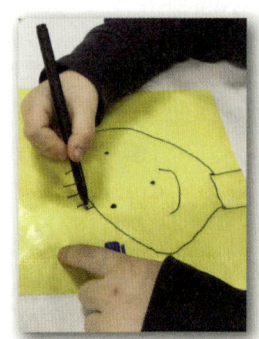

哲学绘画：我是谁？（7—8岁儿童作）

活动内容：请每名儿童在纸上画下想象中自己的样子，然后将另一名儿童为其绘制的肖像叠在其自画像上，随后孩子们根据其自发的评论和问题进行哲学讨论，以探索他人视角在身份构建过程中的作用。

为何使用这种方法？

在具备全球视野的哲学工坊实践中，我们的"整全法"以理论化和课程体系化著称。对于口语实践和艺术实践的共同运用，将使哲学实践事半功倍。对概念进行抽象化思考，并参与有关概念化和具象化的活动，将有助于儿童全面发展。而且这种方法相对于传统的哲学方法更加自然，儿童可以在具体的实践过程中自然而然地理解和掌握概念。也就是说，通过相关性来学习：这些概念彼此之间并非割裂，而是互相关联的——儿童是在

---

① 需要注意的是，在所提及的课程中，艺术创作过程使得儿童可以围绕预先给定的某个主题进行提问（提出问题或进行概念化思考），但也可以考虑根据儿童的兴趣和动机，在没有预先确定主题的情况下借助于艺术引出儿童的哲学问题。

已经知晓相关概念的基础上认识新概念的。正如哲学家维特根斯坦所言："概念之间的边界总是飘忽不定、无法界定，它们总是在与其他词语的对比中显示其意。"①

学习的过程中需要身体、精神、感性和理性的参与。最新的认知科学研究表明，感官体验在课程学习和概念认知中是非常重要的。② 在传统的培养过程中，我们总是把儿童视为笛卡尔式（或柏拉图式）主体——身体和精神是分开的。重复、背诵和对比是传统教学里常用的方法，但"整全法"不使用这样的方法。本书提倡的是：在艺术实践的过程中重新确立身体和感知的作用，并通过哲学提问回溯事物本身，探索与之相关的概念。

艺术实践，以及某种意义上的全部的身体实践（如瑜伽），不仅可以回归思维的根源，更能通过体验促进自主探索等行动，这对儿童的认知发展具有非常重要的价值。艺术实践也能够锻炼儿童的注意力，他们会在这个过程中感到困难，在一定程度上知道如何采取策略解决问题、克服困难，并因此变得更加主动和自信。在反思中，他们将感受自己作为主动的主体所获得的愉悦感。相较于个体的独立实践，带有互动的集体艺术实践能够让儿童发展出同理心和社会责任感。在集体实践的过程中，他们需要辨别、命名、管理和分享自己的情绪，会更懂得理解他人，也会更加积极地与团队成员合作。此外，艺术实践还能让害羞的、不善表达的儿童更乐于表达，因为在口语讨论的过程中，他们将更加关注话题本身，不容易注意到自己在表达方面的缺陷。

---

① Cf. L. Wittgenstein, *Recherches philosophiques*, Gallimard, 2004, §71.

② Cf. à titre d'exemple, S. Kalénine, *Le rôle de l'action dans l'accès aux concepts d'objets: apport de la neuropsychologie et des neurosciences cognitives*, in Revue de neuropsychologie, n°2, 2009 (vol.1), pp. 150-158; G.Rizzolatti, L.Craighero *The mirror-neuron system*, in Annual Revue of Neurosciences, n°2, 2004, pp. 169-192; P. Mounoud, K. Duscherer, G. Moy, et al. *The influence of action perception on object recognition: a developmental study*, in Developmental Science, n°10, 2007, pp. 836-852.

哲学绘画：美还是丑？（8—9岁儿童作）

哲学与艺术手工课程：能力与超能力
（9—10岁儿童作）

工坊、讨论还是辩论？

在谈到儿童哲学实践的时候，我们常常会用到这两个词："辩论"和"讨论"，偶尔还会用到"工坊"。

需要指出的是，"辩论"（débat）在词源上含有"对抗"之意，但儿童的哲学对话不是以战胜对方为目标的；"讨论"（discussion）一词似乎更加委婉，但人们常常忘了这个词的词源也有"震动、打击"之意，因此也并非最佳选择……基于这些原因，本书倾向于使用"工坊"（atelier）一词指代儿童哲学实践。不过，我们也可以在其几乎同义的情况下不加区分地使用它们。

那么，本书为什么选择"工坊"一词？

"工坊"（atelier）这个词语源于拉丁语中的"hastella"一词（意为"小木棍"）。此外，"工坊"常用于指代一个场所，或一群人在导师的带领下进行集体活动。例如，在伐木工坊里，师傅带着学徒从事伐木工作；在哲学工坊里，一位教师带着孩子们进行集体思考训练和从事艺术实践活动。

正是因为"工坊"带有"实践"和"集体"的意味，因此它与本书所采用的口语和艺术实践相结合的方式特别契合，尤其是与艺术实践的形式更为契合——人们常常用"工坊"指代艺术家工作的场所。此外，我们还应当把"讨论"视为一种人类活动。根据它的拉丁语词源"agere"（意为"行动"），讨论是一种实践行为，而且这种口语实践无法由某个人独自完成，而是与他人一起基于集体的感受和思考进行的。语言的本质就是公共群体性，思考也常常是在群体中发生的。此处，要再一次提到维特根斯坦，他认为我们可以把思想视为一种私人语言——一种仅被说话者个人知晓和理解的语言。自说自话（思考），其实是指与一个不可见的、隐藏的其他声音对话。也正是在这个过程中，我们学会了交流的规则。[①]

儿童哲学的六大主题

本书主要涉及六大主题：哲学、自我与他人的关系、艺术、自由、差异和认知。此外，作者还在"第一部分 教学指南"中简要探讨了与"成长"这一主题相关的内容。

作者无法在本书中详细探讨所有的主题，上述主题只是众多主题中的一部分。然而，更重要的是先通过对哲学的思考引导儿童参与工坊，同时帮助他们提出哲学问题，并区分哲学问题和非哲学问题（如科学问题、法律问题、事实问题等）。对规则的思考，有助于儿童构建实践的空间和时间框架。因此，本书的前两章着力于构建哲学实践活动的行动框架。

本书中的所有主题都适合教育者与具有不同成长背景的各年龄段儿童展开讨论，可根据儿童年龄和课堂环境进行具体调整。

在某些章节，我们给出了约定俗成的概念定义。你们可以直接采用，也可以对其进行简化或者基于你们的讨论重新对其进行阐释。

我们希望教师率先开启对每个章节的问题讨论，然后让每个孩子有机会表达自己想选择的问题，并根据他们的兴趣和动机选出最合适的问题。课前小练习能够让孩子们更容易地进入实践场景。在整个过程中，教师要追随孩子们的惊讶、怀疑和问题。根据"整全法"，孩子们的哲学问题常常源于某种艺术体验（探索让人感到惊讶、好奇、开心的事物或是遇到的问题，以及对自己与他人之间的关系的感受等）。教师可以在题板上写下孩子们的问题，也可以把孩子们聚集在"问题箱"前。根据李普曼的方法，我

[①] Cf. L. Wittgenstein, *Recherches philosophiques, op.cit.*, §243 et suivants.

们需要事先选择问题，对此，最好的解决办法是让孩子们根据自己的讨论决定选择哪个问题，也可以请他们进行投票。对于那些没有被选择的问题，孩子们可以在之后的训练中对其进行讨论。

有时，主题也可以由儿童在哲学工坊中提出，例如基于一则时事新闻或者是发生在教室里（或课间休息时）的某一事件。

讨论的主题可以以哲学问题的形式呈现，并围绕一个定义展开，比如：什么是自由？什么是恐惧？什么是成长？也可以是并非围绕定义展开的哲学问题，比如：玩偶和我们之间的区别是什么？妈妈在我们的生活中占据什么样的地位？我们拥有做任何我们想做的事情的自由吗？还可以以关键词（比如"爱""友谊""幸福""恐惧"）或对比词的形式（比如"女孩和男孩""生命和死亡""游戏和学习"），引出主题。

本书活动涉及的主题

第一章	主题一：哲学是什么？ 主题二：我？他人？
第二章	主题三：艺术是什么？
第三章	主题四：自由是什么？
第四章	主题五：相似还是不同？
第五章	主题六：认知是什么？

活动开展的流程

准备过程

围坐成一圈,以便交流

开展口语实践活动时,孩子们围坐成一圈是一种很好的方式,有助于他们听见别人的发言,也有助于在教师和孩子们之间营造一种平等交流的氛围。大家可以坐在椅子上围成一圈,以便互相看见。

孩子们可以举手轮流发言,或者通过发言棒的传递确定发言顺序:依次传递发言棒,持有发言棒的人发言结束后,把它传给身边的人。只有持有发言棒的人才能发言,当然他也有权利放弃发言机会。

用蜡烛或沙漏计时

如果安全规则允许,可以用蜡烛计时,这样的方式会让哲学工坊变得更加特别,活动更富有仪式感。教师可以在活动开始时点上一支蜡烛,在活动结束后鼓励大家一起吹灭它。

如果不方便使用蜡烛,也可以选择使用沙漏。当然,要选择合适时长的沙漏(至少30分钟),如果讨论时间较长,那么可以把沙漏翻过来计时。无论是选择蜡烛还是沙漏,都要把它们置于圆圈的中心。

其他材料

其他材料也是必不可少的,比如儿童绘本、图片、视频、照片、报纸、杂志、纸牌等。如果有艺术实践环节,教师须更精心地准备材料。我们通常选用可循环使用或者方便回收的材料,比如瓶塞、细绳、纽扣、卡纸、小石块等。这能让孩子们更真切地体会到我们对环境可持续发展的重视。

在第一节课,孩子们共同制作玩偶。从第二节课开始,孩子们与"苏格拉底"玩偶见面。在此后的每一节课中,教师都将借助于"苏格拉底"玩偶引出"今日问题",并通过一种有趣的特定方式提醒孩子们哲学问题的起源,同时,孩子们也可以在讨论的过程中用"苏格拉底"玩偶申请发言。

哲学家玩偶"苏格拉底"和"柏拉图"

哲学家玩偶非常适合作为儿童学习的教具,因为它能吸引儿童的注意力,便于教师用自然的方式引出哲学家的经典表达,特别是在哲学家的思考与"今日问题"有着强烈的关联的时候!

哲学笔记和哲学角

我们希望每名儿童都准备一本专门用于哲学工坊实践活动的哲学笔记,他们可以在上面记笔记,写下一些词语或者画画。

哲学笔记的用处很大,举例如下:

◆ 帮助儿童回忆之前讨论的过程;
◆ 在课后拓展儿童的思维;
◆ 让讨论的概念更加具象化,帮助儿童便捷地使用讨论的概念。

在集体讨论开始前,儿童可以通过书写或绘画的方式记录他们对问题的第一印象,也可以在讨论的过程中随时记录,甚至可以在讨论后与其他人交换笔记。

需要事先说明的是,希望家长和教师不要干涉儿童做哲学笔记,而是让它成为儿童个人的工具……尽管哲学笔记上可能有拼写或者句子结构等方面的问题。

9—10岁儿童记哲学笔记

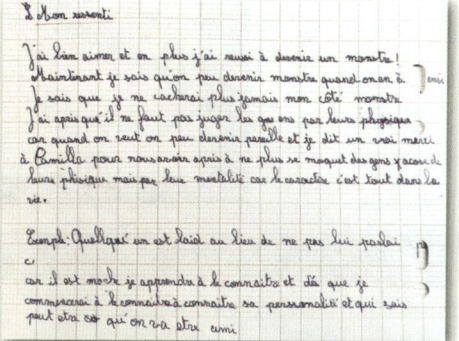

记录着"什么是怪兽?"和"什么是幸福?"问题的哲学笔记[1]（9—10岁儿童作）

书写和绘画能帮助儿童在"一定距离"上审视自己的情感和经历，从而帮助他们在概念抽象化过程中更好地形成理性。

在教室里设置一个哲学角，放置各种材料，比如绘本、图片、光碟、照片、哲学家玩偶等，以及儿童在各种活动中完成的作品，比如拼贴画、绘画和其他各式各样的集体作品。

把儿童的作品张贴在学校的展览板上，或者围绕哲学工坊创建一个班级网络平台或班级日志（纸质或电子的均可）。

例如，本书中所介绍的大量课程作品都被放在了我们的某个网站上，这有点像做实验，教师可以根据这个网站呈现的实验结果改善他们的课程，比如讨论时长的调整、材料的选择、拓展活动的作用等。

---

[1] 图中文字的大意为"我很喜欢而且终于成功地画出了一头怪兽！现在我知道，当一个人嫉妒的时候可能会变成一头怪兽。我知道我不会再隐藏我有怪兽的一面，也学会了不评判别人的外表……"。——译者注

哲学绘画：什么是幸福？[1]（6—8岁儿童作）

---

[1] 后四幅图中文字的大意依次为"对于一朵花而言，幸福是一只蜜蜂的来访""对于一个孩子而言，幸福是可以自由地想象""对于一位妈妈而言，幸福是孕育新的生命""对于一个家庭而言，幸福就是团圆"。——译者注

口头交流的"黄金法则"

哲学工坊的管理原则和目标是:

- 创造一个自由的空间,每个人都可以自由地表达,或者选择在一旁聆听;
- 营造善意的氛围——包容、主动倾听、无拘无束;
- 通过制定规则来保障儿童等参与者的安全;
- 构筑一个基准点(point de repère)。

环境的管理

围坐成一圈是我们所鼓励的一种交流方式,这样可以营造一种平等的氛围,有助于孩子们与教师相互倾听和互动。

教师作为规则守护者

活动的管理规则应该由教师和孩子们共同制定,制定规则的过程要遵循口头交流的"黄金法则"。在哲学工坊第一次启动的时候,请孩子们共同制定"黄金法则"并保障交流的顺利进行——如果这个规则是孩子们制定的,他们就会更倾向于遵守而不是破坏它。在之后的每次活动开始之前,教师都有必要重申一次规则。

以下是"黄金法则"的一些示例:

- 发言之前要举手;
- 在别人发言时,不能打断或者嘲笑发言的人;
- 如果同时有多人举手发言,把机会优先给发言次数相对较少的孩子。

可以将这些规则写下来张贴在教室的墙上。须注意的是,这些规则可能要经过几次活动后才会被孩子们遵守和采用,因此多次定期开展活动是必不可少的。

教师的姿态

哲学工坊里教师的姿态应该是:

- ◆ 中立的——不给出观点,也不对孩子们做道德评价;
- ◆ 善意的——保持倾听和包容的态度;
- ◆ 给人以安全感的——做规则的守护者;
- ◆ 不传递知识的——教师作为帮助思考活动顺利进行的协调者参与活动,但这并不是说教师不能引用经典言论;其实教师既可以引用名人格言,也可以使用哲学家玩偶引出哲学家的经典表达,只是不能引用经典的权威言论来限制孩子们的思考。

在哲学工坊中,教师要把握介入与不介入之间极其微妙的平衡,以及在避免发表带有导向性或说教的言论(首先,教师必须能够识别这类言论!)与引导孩子们自行完成概念性区分或发现根本问题之间找到平衡。在维持这种平衡的时候,教师既要保证自己不陷入信念的主观性之中,同时又不失去趣味性和纪律性。

此外,教师还必须根据孩子们的年龄,在倾听与引导他们思考之间维持平衡,以适应其思维发展阶段。

教师在整个活动的过程中要保持交流的姿态。他们与孩子们一样,是作为探索者参与活动的。教师不应以知识传授者的身份,而应该以倾听和开放的姿态推动思考活动顺利进行。在这样的实践中,不存在"正确的"答案。事实上,教师也不应该期待"正确的"答案。教师真正期望的是孩子们能够证明自己的观点(论证)。如果有多个经过论证的观点,那么它们可以共存。观点的多样性正是哲学工坊的魅力所在。

在讨论道德或者伦理问题的时候,我们更有必要强调教师的姿态。道德和伦理问题总是谈及好与坏、对与错,为了让孩子们借助于理性的工具说出自己的观点和评价意见,我们希望教师相信集体讨论的力量,不要预先得出自己的结论。对待道德和伦理问题,与对待其他主题(美、认知、自然、语言等)并无二致,我们的建议始终是:请不要直接给出(也不期待)答案,同时尊重孩子们通过自主思考形成的观点。

哲学讨论中的教师须保持的信念是:哲学是关于问题的教育,而不是关于答案的教育。

活动流程

可以根据以下流程开展每次活动：
- ◆ 核心主题；
- ◆ 今日问题；
- ◆ 材料准备；
- ◆ 活动组织；
- ◆ 活动展开；
- ◆ 延伸讨论。

需要强调的是，每个主题都是通过口语和艺术实践相结合的方式进行的。在流程设计上，可以将哲学对话作为主要形式，也可以将艺术实践作为主要形式，还可以二者兼有。

需要注意的是，根据我们的"整全法"，艺术实践是哲学活动流程中的一个有机组成部分：其目的不仅是引发讨论（即艺术作为引导媒体），或对讨论内容的再现（即艺术作为复现手段）；更重要的是，它提供了探索概念的另一种途径，使孩子们从具体的感官体验出发，进行新的质疑和思考。

为了更好地实践"整全法"，建议适当开展艺术实践活动，即使将其安排在活动的后续环节而不是启动环节也可以。上述活动开展顺序主要适用于最初阶段，这个阶段孩子们通常还没有习惯哲学式的提问。随着活动的推进，孩子们（包括教师）会对活动的流程和规则越来越熟悉，也会逐渐具备符合哲学要求的思维能力。这个熟悉的过程，会为孩子们顺利地采用"整全法"作为提问方式奠定基础。

本书共包含35项活动（共5章，其中每章包含7项活动）。如果因为教学时间有限而无法在整个学年内完成所有活动，那么我们建议教师减少主题的数量，在不省略某个活动环节的前提下，深入开展拓展环节。

本书的第一章作为引入章节介绍了哲学本身及身份认同问题，其余各章均围绕单一主题展开，每周都呈现一个特定的哲学问题。

除了第一章外，教师可以自由选择其他主题的排列顺序，并根据想要探讨的问题组织不同的活动，同时要注意活动之间的关联性。

至于每次活动的时长，教师可以根据孩子们的需求进行调整，一般为30~60分钟。比如，给8—11岁的儿童（也可能包括四五岁的儿童）或者难以集中注意力的儿童设置30分钟的课程，给更加主动且有更多专业知识的高年级儿童设置60分钟的课程。

如果有必要的话，在课程开始之前，留出一小段放松时间，用言语指导孩子们闭上眼睛，把注意力集中到对自己身体的感知上，如感受自己的呼吸。这种注意力练习有助于他们回归平静，也有助于其大脑思考。几分钟之后，他们就可以开始专注地思考和讨论了。

正式进入哲学工坊

如何识别哲学问题？

哲学讨论发生的重要前提是参与者能识别并提出某个哲学问题，因此教师和儿童都需要具备这个能力。马修·李普曼、奥利维尔·米肖（Olivier Michaud）和米歇尔·萨塞维尔认为，哲学问题应该符合3C[1]标准。如果它能够同时满足以下三个方面，它就符合哲学问题的标准。

- ✦ 核心问题：事关我们生存的基本问题；
- ✦ 公共问题：与公众相关的普遍问题；
- ✦ 有争议的问题：开放式问题，没有唯一答案，答案也不是确定无疑的，而是可以进一步审视和追问的。

---

[1] 指"核心"（centrale）、"公共"（commune）和"有争议的"（contestable）。——译者注

本书还增加了第四个标准：哲学问题应当是清晰的（claire，即第四个C）。如果其中有一个或者几个概念或问题给人的感觉是不清晰的，就说明这个问题不便于被理解。教师在讨论和回答该问题之前还应当重组语言以明晰它的含义。

哲学问题示例如下。

- 什么是幸福？什么是自由？什么是爱？
- 我可以脱离他人独自生活吗？
- 为什么应当遵守规则？

如果不符合上述四个标准，那么这个问题大概率不是哲学问题。尤其要特别注意第三个标准——开放式问题与封闭式问题的最大区别在于，开放式问题不能仅用"是"或"否"来回答。然而，在哲学语境中，这种区别并非唯一的判断标准。

示例如下。

问：你几岁了？

答：8岁。

回答者并非用"是"或"否"来回答，但是这个问题是封闭式的。

问：地球的卫星是什么？

答：月亮。

回答者并非用"是"或"否"来回答，但是这个问题仍然是封闭式的。

问：你认为幸福和快乐之间有区别吗？

答1：有，因为幸福持续的时间比较长。

答2：没有，因为在这两种情况下人都会感到开心。

尽管回答者用"有"或"没有"来回答问题，但是这个问题是开放式的。

由此可见，一个问题是开放式的还是封闭式的不能仅根据其可否用"是"或"否"来回答进行判断，而应根据它是否有唯一的答案、这个答案是否确定无疑且能否被人反复质疑来判断。

哲学问题不是以下问题。

- 科学问题：有确定的答案（至少在某个理论下）。

  如：地球为什么是圆的？海水为什么是咸的？

- 事实问题或者关于历史的问题。

  如：你昨天晚上吃东西了吗？苏格拉底的出生时间是什么时候？

- 法律问题：法律能给出判断和解释的问题。

  如：儿童是否享有选举权？男女是否享有平等的权利？

- 解释性问题：为了解释某件事而提出的问题。

  如：你为什么生病了？你为什么数学学得这么好？

如果孩子们没有讨论哲学问题的习惯，那么他们可能更倾向于向教师提出事实问题。这些事实问题的答案通常只有"是"或"否"，再或者只是一个词语，比如："儿童"用英语怎么说？故事里的主人公年纪多大了？为什么人们要把这个女孩抓进禁闭室？遇到这种情况，教师一般倾向于直接给出答案来结束对话。然而，我们希望教师更多地鼓励孩子们提出问题，有时候这些问题不是开放式的，但是教师可以以此为出发点进行拓展，帮助孩子们开启对哲学问题的讨论。

比如下面两个对话场景。

 场景一

安娜："'儿童'用英语怎么说？"

教师："这是个有趣的问题，'儿童'的英语名称是'child'。"

奥斯卡："是的，我也知道！"

安娜："谢谢。"

教师："好，现在进入下一个问题。"

场景二

安娜："'儿童'用英语怎么说？"

教师："这是个有趣的问题，有人想说说吗？"

奥斯卡："'儿童'的英语名称是'child'。"

教师："安娜，好像有一个答案咯。"

安娜："好的，非常感谢！"

教师："安娜，尽管已经有了一个答案，但是我们还可以对此做点小调查。"

安娜："什么？"

教师："比如，大家想一想是不是每个词语在别的语言里总有一个与之对应的词语？"

佐伊："是的，只要查字典就知道了。"

罗曼："也不总是这样，有些词语在许多语言里的拼写和含义是相同的，比如法语和意大利语中的'pizza'（比萨）和'spaghetti'（意大利面）。"

阿加莎："还有一种情况，因纽特人有很多关于'雪'的词语，但是亚洲的某些地方没有表示'雪'的词语，因为这些地方从来不下雪。"

教师："你们说得都太有意思了。我还有一个问题——'为什么事物总有个名称？'"

安娜："词语和事物之间总有关联，所有事物都应该有名称。"

扎迪格：给事物命名能避免把它们搞混……这样世界就更有秩序了！

在场景二中，教师没有简单地回答问题，而是把一个封闭式的非哲学问题拓展为哲学的一个基本问题，即语言与现实之间的对应关系。

如何开启讨论？

在哲学讨论活动中，人们常常遇到的问题是如何开启一场讨论。尤其是在刚开始时，大部分儿童都没有哲学讨论的实践经验，教师也可能会感觉到孩子们之间其实很少有真正的互动和交流。如果没有真正进入哲学讨论的情境，那么即使让孩子们围坐成一圈，对话也会很快结束。

马修·李普曼受美国实用主义哲学家约翰·杜威（John Dewey）和查尔斯·桑德斯·皮尔斯（Charles Sanders Peirce）的影响，构建了一套开启讨论的方法，并将其命名为"哲学研究共同体"[①]（communauté de recherche philosophique）。"共同体"一词从社会建构的层面指出了如何克服观点差异、促进集体分享和交流，通过多样性使思维更加丰富。其中，"研究"一词指出了参与者的角色定位，即参与者不再只是"儿童"，而是成了试图为某个问题寻找答案的"小研究者"。"哲学"一词体现了对培养各种思维能力的需求。

综上，"哲学研究共同体"是"超越了个体的简单集合——一个为了实现共同的目标而进行思考的共同体；它注重观点的多样性，因为观点的多样性能够引发参与者的质疑和困惑，从而启动反思的研究过程"[②]。这个概念的灵感来自刚刚提到的美国实用主义哲学家查尔斯·桑德斯·皮尔斯。

哲学研究共同体的活动流程归纳如下：

1. 提出假设；
2. 列出支持假设的案例和论据；
3. 验证论据；
4. 提出反例和反驳的论据；
5. 验证反驳的论据；

[①] Cf. M. Lipman, *À l'école de la pensée, op. cit.*, p. 33.

[②] Cf. V. Delille, in M. Tozzi, *Comparaison entre différentes méthodes de philosophie avec les enfants pratiquées en France, dans la période 1996-2012, op. cit.*, p. 4, 2013.

6. 验证、放弃或修正初始假设。

孩子们可能倾向于向教师提问（在普通课堂中养成的习惯）。为了鼓励孩子们养成互相提问、在共同体内部主动交流的习惯，也为了让他们共同反思、互相影响、建立共识，建议教师参考下列语言表达方式。

- 谁对 ×× 的观点表示赞同或反对？
- 你说的哪部分内容与 ×× 的观点是一致的？
- 你的想法中的哪部分与 ×× 的观点是不一致的？
- 对于刚才 ×× 的观点，有人能提出不同的看法吗？
- 你的观点与我们之前讨论的观点有什么样的联系？
- 你对 ×× 的观点有什么疑问吗？
- 有没有人能帮助 ×× 举一个例子、做一个类比或进行概念上的区分？
- 如果你想针对某个观点展开讨论，不要犹豫，可以直接向提出该观点的人表达你的想法。

教师须提醒孩子们仅就观点表达自己的想法，而不要针对提出观点的人。

正确示例：我对某人的观点表示同意或反对，因为……

错误示例：我同意或反对某人……

教师通过这种表达方式，提醒孩子们思考的对象是观点，而不是提出观点的人。

如何帮助儿童进行哲学讨论？

以下是帮助儿童形成自主思考习惯、进行哲学讨论的几个有效建议。为了提高儿童的理性思维能力，马修·李普曼提出了一系列建议。

本书的三种基础思维方式源自米歇尔·托齐的以下方法。

- 概念化：定义概念，即在剖析正例和反例中拓展对概念的理解，对其属性形成认知（特别是通过概念辨析的方式）。

- 问题化：不断地质疑自己的观点、他人的观点、关键问题，以及它们的来源、前提和结论。
- 论证：阐述对答案的假设，论证论点和反对意见的合理性。

此外，还有很多方式能够帮助儿童训练思考能力。下文罗列了部分提问示例，可帮助教师拓展儿童的认知。

这并不是说教师必须在每次教学中都使用这些方法，而是想提醒教师，如果儿童缺乏这种思维方式，那么他们距离建构哲学研究共同体就更远了。①

用于概念化的问题

- 故事（神话、案例等）中谈论的主题是什么？（鼓励儿童识别关键概念）
- 你所说的……是什么意思？（鼓励儿童定义）
- 你能不能解释这个词语或观点？（鼓励儿童定义）
- 你能看出……和……之间的区别吗？（通过区分进行定义）
- ……的对立概念是什么？（通过区分进行定义）
- 你知道……的同义词是什么吗？（通过区分进行定义）
- 你觉得……和……的意思一样吗？（通过对比进行定义）
- 我们会在哪些表述中使用这个词语？在不同的情境中，这个词语所表达的意思相同吗？（通过对比进行定义）
- 为了说……，我们必须……吗？（通过给出标准进行定义）

在哲学研究的进程中，儿童为了知道自己在讨论什么，应当先定义问题的关键概念和与之相关的概念。比如，如果问"幸福是有用的吗？"，那么他们事先应当把"幸福"和"有用"这两个相关的概念界定清楚。否则，

---

① Cf. Michel Sasseville et Mathieu Gagnon, *Penser ensemble à l'école. Des outils pour l'observation d'une communauté de recherche philosophique en action*, Presses de l'Université Laval, Québec, Dialoguer, 2012.

这两个概念会引向其他概念，比如"快乐""愉悦"。

常见的情况（尤其是在不常进行哲学活动的班级里）是，对概念的探析不是自然而然地发生的。每个人都会习惯性地认为自己对某个词语的理解对其他人来说都是通用的。教师的作用不是提前给儿童提供单一且明确的定义，而是提出问题，让儿童自发地提出对同一概念的不同理解。这有助于形成一个适应当下情境的、临时性的集体定义，为哲学讨论提供语义参照框架。

用于概念化和论证的方法

通过采用米歇尔·托齐总结的以下方法，儿童可以用一种有趣的、形象的方式区分抽象概念，他们会研究观点之间的关联、类比、对立和相似之处。① 这些方法同样适用于论证能力的培养，毕竟我们总是鼓励儿童给出能够证明其选择的合理性的理由（论据）。

- 联想画像。用一个具体的形象和观点进行组合，比如"如果说幸福是一个动物、物体、颜色或歌曲，那么它会是什么？为什么？"。
- 图像语言——唤起大脑边缘系统的"价值观情感"作用。教师提供一些照片，让孩子们指出与所讨论的概念最接近和最不符的图像，并说明自己做出选择的理由，大家针对这些选择进行讨论。
- Q-分类法[1]（Q-sort）——发挥大脑皮质的"词汇-概念"作用。教师提供一个概念的不同定义，孩子们选择其中最准确和最不准确的定义，并说明自己做出选择的理由，大家针对这些选择进行讨论。
- 关键词——联想练习。写下孩子们选择的与所讨论的概念相关的关键词；让每个孩子都选择一个认同的词和一个不认同的词，并说明自己做出选择的理由，大家针对这些选择进行讨论。

---

① Cf. *Enseigner à l'école primaire, Pourquoi et comment philosopher avec des enfants? De la théorie à la pratique en classe*, op. cit., pp. 174-175.

[1] Q-分类法是一种心理测量技术，由美国心理学家威廉·斯蒂芬森（William Stephenson）于20世纪50年代开发。它结合了定性和定量的方法，旨在通过让被试对一系列陈述或项目进行分类，揭示个体对特定主题的看法、态度或自我概念等，在研究人际关系等领域有独特的应用价值。——译者注

◆ 双栏对比表格。为了更好地呈现对立的概念，可以将其写在黑板上，如"女孩和男孩""朋友和同学""真相和认知"。

用于论证的问题

借助于论证，人脑做出的简单判断可以找到支撑。正例和反例有助于我们把一个抽象的问题具象化，举例也可以用于论证，但是须注意的是：举例不是必需的。

以下是一些帮助儿童进行思辨的问题：

◆ 你知道为什么你会认为……？
◆ 你能为你刚才的观点举例吗？
◆ 你能对某个你确认的观点举出反例吗？
◆ 是什么让你相信你所说的……？
◆ 这个论点站得住脚吗？为什么？

用于问题化的问题

◆ 你提出的问题和你所说的话假设了什么？（提出假设）
◆ 你为什么确信你所提出的问题或所说的话是正确的？（提出假设）
◆ 如果你说的是真的，那么它的结果是什么？（探索结论）
◆ 你所确认的事情意味着什么？（探索结论）
◆ 你认为这个结果在预料之中吗？（探索结论）
◆ ……和……之间是有联系的吗？（探索事实、情况和概念之间的联系）

问题化的道德困境

当我们在两个相对立的观点之间做出选择的时候，不可避免地会遇到道德困境。在这种困境中，问题不在于你会做什么，而在于你应该做什么。

案例

> 路易丝组织了一场宴会,并邀请了安托万。安托万的父母常常没有钱给他买吃的,所以他常常挨饿。路易丝了解这一情况,她在切蛋糕的时候犹豫要不要把最大的一块给安托万。

问题:路易丝应该怎么做?

以下是帮助儿童进入思考情境的其他问题示例。

- ◆ 提出问题:这个故事、神话或情境有让你感到惊奇的东西吗?
- ◆ 重述问题:你能用其他词语指代同一个事物吗?你是不是想说……?(通过再次提问,帮助儿童确认他想讨论的问题。为了让所有人理解儿童的想法,教师不要在重述中引入"自己的真理"。如果要重述儿童的问题,那么一定要尊重儿童。)
- ◆ 澄清:你能不能用更清楚的语言表达?
- ◆ 情境化:你是基于怎样的背景提出这个问题的?
- ◆ 概括:你能概括你所说的内容吗?
- ◆ 美学问题:你认为这是美的还是丑的?当你说"美"(或"丑")的时候,意味着什么?你认为对"美"(或"丑")的判断是一种观点吗?
- ◆ 道德问题:你认为这是道德的还是不道德的?当你说它是道德的或不道德的时候,有具体的情境吗?你说"道德"(或"不道德")的时候意味着什么?你认为对"道德"(或"不道德")的判断是一种观点吗?

如何评价儿童的话语?

哲学工坊是让儿童学习自主思考、为自己而思考的空间,儿童在这里获得在思考的过程中实现自主所需的工具。这是一个没有评价的空间,这种没有评价的状态为言论自由提供了条件,儿童会在这里发展出自信和自尊。那么,什么样的评价是应当避免的?什么样的评价是被鼓励的呢?

负面评价

正如上文讨论过的,教师为了避免曲解儿童的意图,要尽量保持中立的立场,避免发表自己的观点,也不能通过言语或非言语的方式对儿童的发言做出负面的评价,即使这些发言偏离了教师心中的"正确"或"良善"。

有时候,儿童的言论(如带有挑衅性或涉及性别歧视和种族歧视等)过于令人震惊,教师很难在这种情况下保持中立。不应将中立与冷漠(对儿童的言论放任不管)混为一谈,也不应批评儿童"你这样说不对!"(事实上,这样说并不能改变儿童的态度),而是应该就他所说的话开展哲学讨论。

一些令人震惊的言论示例:

- ◆ 男孩比女孩聪明!
- ◆ 女孩比男孩更会说话!
- ◆ 我想自杀,反正人终究会死。
- ◆ 人类都是机器,如果没有法律和惩罚,人类就会互相残杀!
- ◆ 意大利人都是小偷!
- ◆ 白人比其他人有钱,是因为白人更聪明!

与其他场景相类似,当上述这类情况发生的时候,我们希望教师引导孩子们辨析他们的表达中所涉及的概念、存在的问题,以及哪些事例可以支持这个假设、哪些反例可能让这个假设不那么具有说服力。基于对集体的信任,把言论放在哲学研究共同体中重新进行评价,孩子们通常会发现自己只是在重复一些潜在的偏见(这些偏见往往在家庭、学校和社会中普遍存在),而这些偏见并非出于个人经过深思熟虑后的真正信念。

教师还应当避免对孩子们的艺术作品做出负面的评价。与之相反,为了更好地帮助孩子们自由创作,教师应当经常在活动(如绘画、戏剧、舞蹈)中强调他们关注的不是艺术创作能力——艺术是探索概念的一种方式,它与言语讨论一样,是帮助我们培养思考习惯的途径。

正面评价

与一些主张教师"完全中立"的实践方法不同，我们更倾向于使用正面的、鼓励性的评价，以激励儿童进行深入的研究和探索。根据我们的经验，完全中立的立场（即教师从不对儿童的发言表示赞赏）会被儿童误解为一种负面态度。当然，赞赏不是一句简单的"你真棒！"，而是通过论据的支持对儿童思考的成果和观点的价值给予肯定。

比如，教师可以说：

你的想法非常有趣，你的话让我更好地理解了……和……的区别，你觉得呢？

或者是：

你做得真棒！你刚刚发现了一个极佳的案例，它可以形象地说明这个概念！

还有：

太好了，你的提议让我们意识到与这个问题相关的其他问题。你对此有别的建议吗？

显然，这种（无评判的）态度应该适用于工坊的所有参与者，而不是仅针对某个人。因此，若正面评价能被普遍用作鼓励和哲学探究的工具，以增强儿童的自信心和自尊心，那么做出这样的正面评价是可取的。

如何评价教师与儿童的讨论？

我们之所以将哲学工坊视作一个允许自由评价的场所，是因为我们期待参与者不因其所说、所做而被评分。鼓励儿童在哲学研究共同体中对哲学讨论和艺术作品进行全面评价，是一种很好的实践改进手段。通过不断地让儿童熟悉哲学研究的工具，教师可以帮助他们学会自我评价，这样他们就能发现集体的优点和需要改进的地方，以避免针对个人。为了实现整体的自我评价目标，教师可以采用这两种方式：①在工坊结束时，与儿童一起开展评价；②在参与者中选出观察员，并请他们在活动结束时根据事先共同商定的标准（口头的或书面的）评价实践活动。提前准备一些评价表格会非常有效，这些评价表格应该既包含对每位参与者的评价指标，又包含对集体的评价指标。

那么，为了提高哲学工坊水平，应该观察哪些要点呢？

以下问题有助于促进集体评估，可以反映参与者的三种主要思维能力是否得到训练。李普曼认为，在哲学研究共同体中，这三种思维能力是基础性的。[1]

专注性思维

- 儿童是否尊重彼此、善于倾听？
- 儿童在讨论中是否积极主动？
- 儿童之间是否互相帮助？

创造性思维

- 儿童是否有新颖的、原创的观点？
- 观点之间是否有关联？

批判性思维

论证

- 儿童是否给出了理由？
- 儿童是否给出了正例或反例？
- 儿童是否认真地评估正例、反例或理由？

问题化

- 儿童是否主动地提出问题？

---

[1] Cf. M. Lipman, *À l'école de la pensée, op. cit.*, pp. 192-196.

- ◆ 儿童是否提出了假设?
- ◆ 儿童是否假定了问题的前提?
- ◆ 儿童是否确定了结果?

概念化
- ◆ 儿童是否给出了定义?
- ◆ 儿童是否能做类比、区分异同?
- ◆ 儿童是否能辨别概念之间的细微差别,并了解其前提背景?
- ◆ 儿童是否能恰当地分类?
- ◆ 儿童是否能下定义?

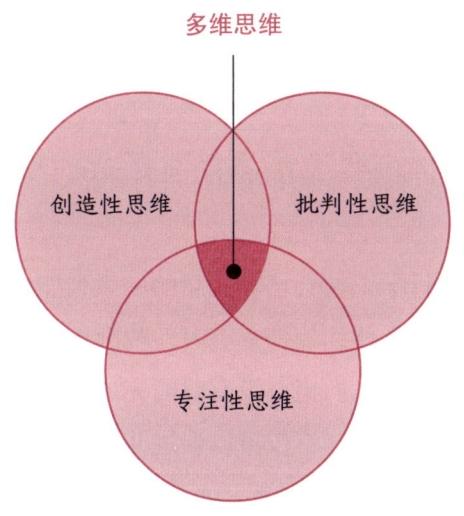

李普曼提出的"多维思维"[①]

我们也利用类似的其他问题鼓励儿童开展自我评价(比如:我有没有尊重他人?我有没有认真倾听?我有没有给出充分的理由来支撑自己的观点?)。此外,还有一些针对年龄更小的参与者的问题(比如:我有没有打

---

① D'après M. Lipman, *À l'école de la pensée, op. cit.*, p. 194.

断别人说话？我有没有集中注意力？我有没有解释为什么？）。

以下是教师可参考的一些自我评价问题：

- 我是否谨慎地提出了自己的观点？
- 我对孩子们的发言是否谨慎地做出了价值评判（好还是不好）？
- 我是否保持善意？
- 我是否避免自己控制讨论？
- 我认真倾听孩子们说话了吗？
- 我是否通过提出问题来鼓励孩子们讨论？
- 我是否鼓励孩子们提出假设？
- 我是否鼓励孩子们给出正例、反例或理由？
- 我是否鼓励孩子们为概念下定义？
- 我是否鼓励孩子们提出问题的前提假定？
- 我是否鼓励孩子们提出多样化的观点？

除此以外，还可以根据其他培养目标进行评价。

能力迁移

长期定时开展的哲学工坊会培养儿童的一系列能力，这些能力可以在学校中得到运用，甚至延伸到校外。有时，教师觉得每周开展一次或两次这样的活动很困难，因为他们担心没有时间完成课程，但他们忘记了这些活动有助于培养儿童的能力，不仅可以促进儿童学习，而且可以改变他们的学习态度。同时，在班级人际关系层面也可以看到活动带来的好处。

因此，我们可以观察到儿童在以下方面的进步[1]：

- 倾听（更好地关注他人的言论和想法，无论是大人还是孩子）；
- 提问（改变状态，从被动的信息接收者转变为主动的研究者）；
- 演讲（在他人面前轻松地发言，口头表达和辩论的能力有所提高）；

---

[1] Cf. *Enseigner à l'école primaire, Pourquoi et comment philosopher avec des enfants? De la théorie à la pratique en classe*, op. cit., pp. 208-209.

- ◆ 写作（更好地构建推理结构，展现不同的思维能力）；
- ◆ 自主和自我管理；
- ◆ 共同生活（情绪和冲突管理）。

哲学工坊的效果会延伸到活动的时空之外，教师也将在其他课程（例如语文课、数学课、科学课和历史课）中看到儿童的进步。教师可以在这些课程中观察儿童，并对儿童进行个性化（积极的）评价。

哲学工坊的实践活动向孩子们展示了一种对其他学业知识的新态度，而且更重要的是，它会对儿童与自己、他人和整个世界的关系产生深远的影响。

哲学主题讨论节选

为了让本书到目前为止所提供的理论和实践内容都更加具象化，我们提供了一段教师与8—10岁的儿童进行的哲学主题讨论节选（附有方法说明）。

为此，我们选择了一个在本书中未直接涉及的主题。对于那些希望与儿童一起探讨问题的教师来说，这一讨论框架可能会成为一个宝贵的工具。

主题：长大意味着什么？	
教师：我们今天要一起探讨的问题是"长大意味着什么？"。	使用诸如"一起"这样的词汇，能让教师表现出让孩子们共同构建知识的态度，并肯定孩子们在探究中所付出的努力。 在讨论开始时，教师必须清晰明确地阐明所要探讨的问题，这样才能指明探究的方向。如有必要，还需说明这个问题是如何选定的（如从问题箱中随机抽取的问题、在阅读文本后收集的问题、由艺术实践引出的问题等）。

续表

主题：长大意味着什么？	
教师：谁第一个说说自己的看法呢？ 安妮：我们过的生日越多，就长得越大。 教师：你是说年龄越大，人就越高大吗？ 安妮：对，就是这样。	教师重述孩子的话，目的在于： • 明确孩子想要表达的意思； • 确保自己准确地理解了孩子想要表达的内容（以提问的方式进行表述）； • 便于其他孩子理解该看法； • 扩充孩子的词汇量； • 向孩子表明他的发言得到了倾听。
教师：有没有人想要针对安妮的看法接着说一说呢？	使用像"接着说一说"（意即基于他人观点进一步思考并发言）这样的表达，能让教师更轻松地促进孩子们探究，同时培养孩子们的专注思考能力。
查尔斯：我部分同意（安妮的观点），部分不同意，因为安妮所说的是对的，但只是在一定年龄范围内是对的。 教师：你能不能再详细地解释一下你刚才说的话呢？	教师请孩子阐释，目的在于： • 明确孩子想要表达的意思； • 便于其他孩子理解该看法； • 帮助孩子进行概念化或重述。
查尔斯：我的意思是，过了一定的年龄，比如十五六岁，人就不再长高了。之后，一辈子都保持那个样子。 教师：你似乎把"长大"这件事和"长高"等同起来了，是这个意思吗？ 查尔斯：是的。 教师：你们觉得"长大"就意味着"长高"吗？	教师进行重述。 基于查尔斯的观点，教师向孩子们提出了一个新的问题，以便促进孩子们探究，并推动他们的概念化和问题化工作。
佐伊：并不总是这样，有时候有些孩子个子没长高，但他们还是长大了。 教师：你能不能再详细地解释一下你刚才说的话呢？	教师请孩子阐释，其目的如下： • 明确孩子想要表达的意思； • 便于其他孩子理解该看法； • 帮助孩子进行概念化或重述。

续表

主题：长大意味着什么？	
佐伊：比如，侏儒的身材矮小，但这并不妨碍他们有孩子、工作或承担一些责任…… 丽贝卡：长高只是众多"长大"表现中的一种而已。而且，我认为即使我们不再长高了，我们也一直在长大，因为我们会学到新的东西……	佐伊开启了一项分类（概念化）工作，她承认存在着不同类型的"长大"表现。
教师：孩子们，你们说得非常有意思！如果我理解得没错的话，你们正在区分"长大"这件事的不同方面，也就是在进行概念上的区分。在你们看来，"长大"意味着年龄增长、身体长高、承担更多责任、拥有更丰富的知识，是这样吧？	教师表扬了孩子们，并且始终保持着和蔼友善的态度。 教师进行重述，同时引导孩子们运用哲学探究的方法。 教师做了一个简短的总结。
马克：我不太理解"责任"这个词语的意思。 教师：有没有人能够解释一下这个词语，或者举些例子来说明一下呢？	教师鼓励孩子们互相帮助，以完成概念化的工作，同时请孩子们举例说明。
利奥妮：比如，父母要对自己的孩子负责。他们得给孩子提供食物、衣服，还要给他们一个家，等等。 安托万：而且，如果一个孩子做了错事，比如，他在某个地方放了火，那么父母在法律层面上要对此负责。 马克：啊，明白了，我现在更懂了。	
教师：你们说过，人越长大，知道的事情就越多。有没有人不同意这个假设，并且能够举个反例？	教师鼓励孩子们给出反例来验证假设，同时引导孩子们运用哲学探究的方法。

续表

主题：长大意味着什么？	
加布丽埃尔：比如，当人老了，记忆力就会衰退，会忘掉自己学过的所有东西。 伊莎贝尔：而且有些孩子知道的东西已经比成人知道的还多，他们是天才，我在电视上看到过。 教师：你们觉得这些反例怎么样？	教师鼓励孩子们对这些反例进行验证，以便确定是否需要确认、修正或放弃最初的假设。
安妮：这些反例是成立的，但一般来说，成人确实比孩子知道的东西更多，这也是事实。 阿明：我认为如果进行一些训练，即使人上了年纪也能保持记忆力，所以我觉得除了个别情况外，长大也意味着懂得更多的东西。 格雷瓜尔：而且，成长总是相对于自己而言的。所以，即使有些孩子知道很多东西，等他们长大成人后，他们会知道得更多！ 教师：那么，我们还是保留"长大也意味着拥有越来越丰富的知识"这一假设吗？ 孩子们：是的！	在验证了那些反例，并认为它们不成立或者不足以否定最初的假设之后，教师确认孩子们希望继续认定最初的假设是有效的。
马赛厄斯：在我看来，长大就是不再害怕黑暗。 教师：你觉得"不再害怕黑暗"和"不怕黑暗"之间有区别吗？ 马赛厄斯：有，因为如果我们忘掉了恐惧，那就不再恐惧了，所以这意味着我们已经克服了这种恐惧。 皮埃尔：所以你是说"长大就是克服恐惧"吗？ 马赛厄斯：是的，就是这个意思。 教师：你们都同意皮埃尔对马赛厄斯的观点的概括吗？	教师鼓励孩子们进行概念区分，并引导大家思考是否同意皮埃尔对马赛厄斯的观点的概括。

续表

主题：长大意味着什么？	
安妮：不同意，因为有时候，当我们长大时，会和以前有同样的恐惧，甚至有时候还会产生新的恐惧……	
翁贝利娜：不管怎么说，我认为只有生物才能长大，而石头或者椅子是不会长大的。我的意思是，只有有生命的东西才能一直长大，直到变老然后死去，而那些不会死的东西是无法长大的。	
奥利维尔：是的，但是也有些物品会变大呀。比如，当我们给气球吹气时，气球就会变大。	
教师：在你们看来，"动物或植物的长大"和"物品（比如气球）的变大"之间有区别吗？	基于孩子们的观点，教师鼓励他们进行另一种概念区分。

由教师或事先指定的担任记录员的儿童撰写一份讨论记录（可包含关键词、思维导图等），以便进行最后的总结。教师（或记录员）还可以制作一个表格，将"长大"这一事实的不同方面以图表的形式呈现出来（从而直观呈现概念化工作），并记录出现的各种问题。

如果孩子们还不擅长读写，记录员的角色可以由绘图员代替，绘图员将通过绘画来捕捉讨论的要点。

显然，让这两个角色同时工作也是可行的，而且也可以将同一个角色分配给多个人（例如以两人一组的形式开展工作）。

课程规划表

与道德和公民教育课程相关的一般能力会在所有的课程中进行培养，因此，下表中只列出了在某些课程中培养的特定能力。

第一章		
哲学是什么？		
课程	艺术活动	培养的能力 （基于道德和公民教育课程）
哲学，一台制作"为什么"的机器		▲ 理解在民主社会中遵守规则和法律的理由及重要性。 ▲ 了解民主社会的基本规则和价值观。 ▲ 理解制度与伦理之间的关系。 ▲ 理解"权利""义务"和"规则"等词语的概念，并将其运用在课堂、机构和社区生活中。 ▲ 了解与规则和法律相关的词语，如"权利""义务""规则""章程"和"法律"等。
苏格拉底，一个热爱知识的人？	制作"苏格拉底"玩偶	
我是谁？	联想画像； 制作"忒修斯之船"	
我可以脱离他人独自生活吗？	表演游戏	
朋友还是恋人？		
友谊的代价是什么？		
别人能否让我更好地了解自己？	制作面具	

第二章		
艺术是什么？		
课程	艺术活动	培养的能力 （基于道德和公民教育课程）
成为艺术家，意味着什么？	小艺术家的诞生	
美还是丑？	丑之美	
什么是艺术品？	创作"枯山水"花园景观	
艺术是模仿还是创造？	创作或仿制静物	

续表

第二章		
艺术是什么？		
课程	艺术活动	培养的能力 （基于道德和公民教育课程）
艺术会让我们更自由吗？		
情绪是什么？	音乐绘画	▲ 学会在不同的场景中表达情绪和感受。 ▲ 辨认并了解一些基本情绪，如恐惧、愤怒、悲伤和快乐等。 ▲ 掌握关于感情和情绪的词语。
我能不能通过艺术表达情绪？	"情绪传声筒"游戏	

第三章		
自由是什么？		
课程	艺术活动	培养的能力 （基于道德和公民教育课程）
自由，意味着什么？	半命题绘画； 制作以"自由"（或"不自由"）为主题的风铃	定义个体的自由。
权利还是义务？	制作"思想之树"	▲ 理解"权利""义务"和"规则"等词语的概念，并将其运用在课堂、机构和社区生活中。 ▲ 了解公民的权利与义务，以及《人权宣言》。 ▲ 了解与规则和法律相关的词语，如"权利""义务""规则""章程"和"法律"等。 ▲ 定义个体的自由。 ▲ 了解儿童的权利。

续表

第三章		
自由是什么？		
课程	艺术活动	培养的能力 （基于道德和公民教育课程）
自由，还是不自由？	用镜头捕捉"自由"或"不自由"	定义个体的自由。
我们能够兼顾自由和工作吗？	哑剧表演：工作还是不工作？	
如果可以隐身，你会做什么？	基于神话故事，编排即兴戏剧；制作"吉格斯之戒"	
好还是坏？		
暴力意味着更自由吗？	吸管墨水画	

第四章		
相似还是不同？		
课程	艺术活动	培养的能力 （基于道德和公民教育课程）
我和别人一样吗？	声形接龙游戏	▲ 尊重差异。 • 培养多样化的观念。 • 知道哪些是伤害他人的行为，如种族主义、反犹太主义、性别歧视、排外、骚扰等。 ▲ 了解什么是刻板印象和偏见。 ▲ 学会判断哪些信息来源是可靠的。 ▲ 学会收集信息。 ▲ 理解"平等"和"歧视"的概念。

续表

第四章		
相似还是不同？		
课程	艺术活动	培养的能力 （基于道德和公民教育课程）
不同还是不平等？	集体作画； 分蛋糕游戏	▲ 尊重差异。 • 培养多样化的观念。 • 知道哪些是伤害他人的行为，如种族主义、反犹太主义、性别歧视、排外、骚扰等。 ▲ 定义法律上的平等。 ▲ 了解什么是刻板印象和偏见。 ▲ 理解"平等"和"歧视"的概念。
女孩还是男孩？		▲ 尊重差异。 • 培养多样化的观念。 • 知道哪些是伤害他人的行为，如种族主义、反犹太主义、性别歧视、排外、骚扰等。 ▲ 了解什么是刻板印象和偏见。 ▲ 理解"平等"和"歧视"的概念。 ▲ 理解男孩与女孩是平等的。
正常还是不正常？	通过绘画探索什么是"正常"	▲ 尊重差异。 • 培养多样化的观念。 • 知道哪些是伤害他人的行为，如种族主义、反犹太主义、性别歧视、排外、骚扰等。 ▲ 了解什么是刻板印象和偏见。 ▲ 理解"平等"和"歧视"的概念。
人类和其他动物一样吗？	制作动物印章	
动物之舞	动物之舞	

续表

第四章		
相似还是不同？		
课程	艺术活动	培养的能力 （基于道德和公民教育课程）
共同生活容易吗？	临摹图画，探索共同生活的不同模式；哑剧表演：描摹共同生活的图景	▲ 尊重差异。 　• 培养多样化的观念。 　• 知道哪些是伤害他人的行为，如种族主义、反犹太主义、性别歧视、排外、骚扰等。 ▲ 了解什么是刻板印象和偏见。 ▲ 具有公民意识。 ▲ 用简单的语言解释"博爱"和"团结"。

第五章		
认知是什么？		
课程	艺术活动	培养的能力 （基于道德和公民教育课程）
我感觉到了，意味着我知道吗？	感官抽抽乐	▲ 准确地获取信息。 ▲ 学会判断哪些信息来源是可靠的。 ▲ 学会收集信息。 ▲ 学会分辨什么是客观事实，什么是主观见解。
人可以相信自己的感官吗？	制作留影盘	
从柏拉图的《洞穴之喻》到即兴戏剧	基于神话故事，编排即兴戏剧	
从柏拉图的《洞穴之喻》到影子戏剧	表演影子戏剧	
真实还是虚假？		▲ 准确地获取信息。 ▲ 学会判断哪些信息来源是可靠的。 ▲ 学会收集信息。 ▲ 学会分辨什么是客观事实，什么是主观见解。 ▲ 培养辨别是非的能力。
相信还是知道？		
学校有什么用？		了解受教育的权利。

第二部分
阶段性课程

第一章

哲学是什么?

本章导览

活动1 哲学,一台制作"为什么"的机器

活动2 苏格拉底,一个热爱知识的人?

活动3 我是谁?

活动4 我可以脱离他人独自生活吗?

活动5 朋友还是恋人?

活动6 友谊的代价是什么?

活动7 别人能否让我更好地了解自己?

活动1　哲学，一台制作"为什么"的机器

活动时长
30~60 分钟。
材料准备
1 本哲学笔记、1 支蜡烛（在安全规定允许的情况下）或 1 个沙漏，以及若干图片（可从互联网上搜索并下载）。
活动组织
第一至三阶段和拓展活动：孩子们和教师围成一圈，坐在高度相同的椅子上，以便平等地倾听和互动。 第四、五阶段：孩子们在桌面上绘画或书写。

第一阶段　活动开始，准备蜡烛或沙漏（5 分钟）

请孩子们围坐成一圈，宣布本学期即将开展一项新的教育实践活动：哲学工坊。

在安全允许的情况下，可向孩子们建议，在每次哲学工坊开始前点燃一支蜡烛，结束时大家一起吹灭蜡烛。在不便点蜡烛的情况下，可以用沙漏代替。将蜡烛（或沙漏）放在大家围成的圆圈中心。如果孩子们有疑问，那么教师须向他们解释：在这里，蜡烛并不具有象征意义，它的主要用途是营造一种特别的氛围，以增加哲学工坊这项活动的仪式感。

第二阶段　课程设计和规则说明（15 分钟）

第一节课的主要目的是：孩子们和教师一起制定哲学工坊的大体框架，以及人人都要遵守的"黄金法则"。告知孩子们接下来的每一期工坊都应根据这个框架和法则设计。这是非常基础的一步，引导孩子们逐步熟悉

基于民主的哲学讨论模式。

用询问的方式（如"你可不可以……"或者"你知道……吗？"）引导孩子们一起制定规则。即使是很小的孩子，通过这样的实践，也能理解什么是"黄金法则"。同时，这也是一个通过询问以下问题，让孩子们理解"规则"这一概念的好机会。

- 你们可不可以举一个关于"规则"的例子？
- 规则有用吗？如果有，它的用途是什么？
- 遵守规则容易吗？你们可以说说为什么吗？
- 如果我们不遵守规则，会怎么样？
- 规则和法律之间有区别吗？
- 如果没有规则会怎么样？
- 你们会如何定义某条规则呢？
- 规则和标准之间有联系吗，在你们看来，是什么联系呢？

鼓励孩子们积极发表意见的同时，教师不断地提出一些具有启发作用的拓展式问题，以培养孩子们的三种哲学思维技能：概念化、问题化、论证。

根据孩子们的发言，总结出三条哲学课堂"黄金法则"：

- 发言之前要举手；
- 尊重别人的发言——在别人发言时保持安静，不能打断或者嘲笑发言的人（此处还可以引导孩子们区分一些概念，如"嘲笑"和"玩笑"或"打趣"等）；
- 给发言较少的孩子优先权（如果同时有多人举手发言，把机会优先给发言次数相对较少的孩子）。

注意，在每次制定规则的时候，教师要确保孩子们意见一致。如果有孩子不同意，应通过询问的方式（例如"你可不可以解释一下……"），让他说明自己的观点（例如"说说你为什么有和大家不一样的想法"）。

最后，让孩子们就什么是"规则"集体下一个定义，将其作为结束环节。

 集体定义示例：规则

规则是指人们为了更好地生活在一起而共同制定的行为准则。人类社会存在不同种类的规则，如礼节、游戏规则、语法规则等。与法律这种由国家制定且适用于所有公民的规则不同，共同体的规则往往由一个群体或某些人制定，并只适用于制定它的群体和个人。

请孩子们将"规则"的集体定义和以上三条"黄金法则"抄写（7—11岁的儿童）或者粘贴（6—7岁的儿童）在自己的哲学笔记里。

小贴士：概念化、问题化和论证不属于"规则"，而是"思维技能"。在课程刚开始的时候，孩子们往往不具备这些能力。但是，通过每一次哲学工坊的训练，他们的哲学思维和能力就会逐渐得到发展。

第三阶段 主题讨论（15分钟）

重复"哲学"这一名词，并将其抄写在黑板上。询问是否有人已经听说过这个词语。请孩子们就其对哲学实践的理解发表自己的看法：

- 可否解释一下"做哲学"是什么意思？
- 能不能说说哲学家是做什么的？

让孩子们回想和思考自己作为参与者在刚才关于"规则"这一概念的哲学讨论中所做的事情（见第二阶段）。

让孩子们将"哲学"一词抄写（或者粘贴）在自己的哲学笔记里。在给予其一段单独的思考时间之后，请已经会读写的孩子们在哲学笔记里写下自己对于哲学的理解。

随后继续讨论，请孩子们轮流讲一讲自己理解的哲学，再让孩子们根据大家的发言共同总结哲学的定义。

集体定义示例：哲学

哲学是指通过提问的方式思考一个主题。

让孩子们将大家一起总结的"哲学"定义抄写（或者粘贴）在自己的哲学笔记里。

一个孩子关于"哲学"定义的笔记[1]

第四阶段　主题讨论（15分钟）

小贴士：第四、五阶段的时长可根据情况进行调整。

请孩子们口头回答（6—7岁的儿童）或者用书写的方式回答（7—11岁的儿童）问题："你能提出一个哲学问题吗？"

如果孩子们不知道如何作答（这种情况在课程刚刚开始的时候很普遍），那么可以让孩子们提出问题。

值得注意的是，孩子们提出的非哲学问题和哲学问题一样有用且有趣，因为它们恰好可以让孩子们区分概念，锻炼概念化技能。例如，区分

---

[1] 左图中标题的意思是"哲学，一台制作'为什么'的机器"，文字的大意是"以下是我们第一次哲学交流中记录的重要语句：哲学家是提出问题的人；我在电视上看到过哲学家们一起讨论，他们试图理解事物；做哲学，就是提出问题；它就像一个'为什么'盒子（提问工具箱），和我们制作班级规则展板时所用的一样"。——译者注

什么是哲学问题、科学问题、历史问题和法律问题等。

收集问题,将其写在黑板上,并让孩子们大声朗读出来。

孩子们可能提出的问题示例:

- ✦ 地球为什么是圆的?
- ✦ 人死后是什么样子的?
- ✦ 我的猫比我的弟弟更聪明吗?
- ✦ 幸福是什么?
- ✦ 为什么我会存在?
- ✦ 为什么海水是咸的?
- ✦ 为什么世界上有各种各样的东西?
- ✦ 人为什么要结婚?
- ✦ 我们可以相信梦境吗?
- ✦ 虚无是什么?
- ✦ 谁发明了电子游戏?
- ✦ 数字是不是真的没有止境?
- ✦ 为什么有细菌这种看不见的东西?
- ✦ 人为什么可以创造出比自己更聪明的机器?
- ✦ 人为什么有时候会感到难过?
- ✦ 你叫什么名字?

向孩子们提问:

- ✦ 刚才大家提出的问题全部是哲学问题吗?你可以说说你的理由吗?
- ✦ 哲学问题与科学问题有什么不同?

就"什么是哲学问题?"这一主题展开思考。

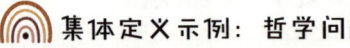 集体定义示例:哲学问题

哲学问题是人类自古以来不断思考的问题,在大多数情况下,这

些问题没有唯一正确的答案，例如"什么是幸福？"。哲学问题和科学问题的不同之处在于，后者通常有确定的答案，例如"为什么海水是咸的？"。科学问题会不断地被推进，一旦这个问题被解决，人们就会立刻转向下一个问题。

同时，要记住以下几点。
- 尽管哲学家和科学家的研究方法及途径有所不同，但其研究对象（例如生命、死亡、人与动物之间的关系、爱等）可以是一样的。
- 有些哲学问题只有在一些事情发生之后才会浮现，例如有关生物伦理的问题"克隆人类合理吗？"。
- 科学理论是不断演变的，在被其他理论证伪之前都是有效的。这意味着，即使在科学领域，也存在着不同的体系和变化：在一定的理论框架下成立的答案在另一个体系里可能是不成立的。例如，在牛顿力学体系中成立的答案不适用于量子力学体系。

请孩子们将他们共同确定的"哲学"定义抄写（或者粘贴）在自己的哲学笔记里。

第五阶段 总结（10分钟）

请孩子们在纸上用绘画的方式表现一个哲学问题。

小贴士：本次活动的目的不在于评价孩子们的艺术创作能力，而是引导他们以一种与言语讨论不同的方式来探索问题。

将画作保存好，孩子们在拓展活动中会用到它们。

口头总结本次活动的核心内容（由孩子们或教师完成）。

最后，向孩子们提问："你们对本次哲学工坊感受如何？"请孩子们依次发言。

哲学绘画：哲学，一台制作"为什么"的机器（7—8岁儿童作）

哲学绘画：哲学，用不同的方式看问题（8—9岁儿童作）

拓展活动：30~60分钟

小贴士：此环节活动可视情况延后开展。

艺术：探索概念的哲学工具

请孩子们简要总结前面所讨论的内容，尽量不要翻看哲学笔记。随后，请孩子们自愿上前展示自己的画作，并由此展开讨论。这是培养孩子们逻辑推理和论述能力的好机会。

为了更好地引导孩子们思考，可参考本书第一部分中"如何帮助孩子们进行哲学讨论？"一节的内容，并着重培养孩子们的以下思维技能：

概念化

◆ 你们的画作表现了什么哲学问题？

+ 可以描述一下你们的画作吗？

先请孩子们用自己的画作内容定义所表现的哲学问题中的概念，再请孩子们对其他孩子所画的涉及类似或不同概念的画作进行思考，以做出概念上的比较和区分（例如"哲学与科学""知识与无知""规则与法律"等）：
+ ××与××之间的区别是什么？
+ 相反地，××与××之间有共同点吗？

论证
+ 可以向大家解释一下你们为什么画……吗？
+ 你们的画作和你们想表达的哲学问题之间的关联是什么？

问题化
旨在发掘藏在哲学问题背后的关键要素：
+ 你们所画的内容呈现了哪些问题？
+ 你们的画暗含了什么意思？
+ 你们觉得××是××造成的吗？

还应请孩子们对他人所画的内容进行分析，思考它们之间的联系，并始终注意运用以上三种思维技能。

小贴士：本次拓展活动的意义在于继续推进孩子们的讨论，并向他们表明绘画不只是对已有言语讨论的辅助性说明。根据本书所倡导的"整全法"，绘画是一种可用于提出哲学问题的工具。在这个环节，孩子们需要经常给出各种论据，并学会区分概念和分辨不同的问题类型。

最后，向孩子们提问："你们对本次哲学工坊感受如何？"请孩子们依次发言。

活动 2　苏格拉底，一个热爱知识的人？

活动时长
30~60 分钟。
材料准备
第一、二阶段：1 本哲学笔记、1 支蜡烛（在安全规定允许的情况下）或 1 个沙漏。 第三阶段：孩子们每人 1 双粉色中筒袜、1 块白色方巾（约 30 厘米×30 厘米）、1 团白棉花、2 张黑色圆纸片、1 个用红纸做的"舌头"、纽扣、细绳和胶水。
活动组织
第一、二阶段和拓展活动：孩子们和教师围成一圈，坐在高度相同的椅子上，以便平等地倾听和互动。 第三阶段：四五个孩子为一组进行小组活动，在桌子上制作"苏格拉底"玩偶。

第一阶段　活动开始，准备蜡烛或沙漏（5 分钟）

请孩子们围坐成一圈，宣布开始今日的哲学工坊。

放置好蜡烛或沙漏。

先让孩子们回忆"黄金法则"，然后集体总结前一节课的内容（仅在必要的情况下才可以翻看哲学笔记）。

第二阶段　苏格拉底的生平与思想（35 分钟）

展示一个事先缝制或者购买的"苏格拉底"玩偶（手套玩偶），并询问孩子们是否知道这是谁。

孩子们可能给出的答案如下所示。

✦ 爱因斯坦（Einstein）！

✦ 他穿得好破哦！

- 他的胡子好长!

孩子们的答案可以被当作讨论的基础,教师借此向孩子们介绍苏格拉底的生平,澄清一些容易混淆的地方。通过提问的方式引导孩子们思考以下问题:

- 真实存在的人(苏格拉底或其他哲学家)和虚构的人物之间的不同:××和××之间有区别吗?区别是什么呢?
- 哲学家和科学家有什么不同?(比如爱因斯坦,教师也可以借此帮助孩子们简单回忆前一节课的内容):××和××之间有区别吗?区别是什么呢?

引入"公元元年"的概念,并向孩子们介绍苏格拉底生活的年代:

- 你们觉得,苏格拉底生活在公元元年之前还是之后?
- 你们可以说说为什么吗?
- "公元元年"指的是什么?

一如既往地以提问的方式向孩子们介绍:"长长的胡子"在古代象征着"智慧",继而引出"哲学"的概念。"哲学"一词最早指的是"热爱知识"。将它们写在黑板上,并请孩子们将其抄写(或者粘贴)在自己的哲学笔记里。

- 在你们看来,苏格拉底为什么留这么长的胡子?
- 胡子代表了什么?
- 你们认为"有智慧"意味着什么?

请孩子们将苏格拉底的名字抄写(或者粘贴)在自己的哲学笔记里。

借助于玩偶,以第一人称的方式向孩子们讲述苏格拉底这位被称为"哲学之父"的大哲学家的生平。强调"哲学"一词的词源学含义,阐明苏格拉底是一位哲学家,是一个"热爱知识的人"。

苏格拉底小传

苏格拉底于公元前 469 年出生于古希腊的雅典。

和众多哲学家一样,苏格拉底曾提出许多关于正义、权力、真相、财富的问题。

他因两大罪名被判死刑:败坏青年人的道德、不敬神明。

他没有对判决提出任何异议,并愿意按照城邦法律的规定,喝下毒酒。

然而,苏格拉底的死亡标志着西方哲学的诞生[可酌情提及苏格拉底的学生柏拉图(Platon),他在自己的著作中记载了苏格拉底的生平和思想]。

小贴士:也可参考让-保罗·蒙欣(Jean-Paul Mongin)的《神圣的苏格拉底之死》(*La Mort du divin Socrate*)。

柏拉图的哲学理论

尽管在苏格拉底之前就已经出现过很多思考物质和宇宙本质的哲学家(他们被称为"前苏格拉底哲学家"),但苏格拉底依然被认为是哲学的鼻祖(参见其学生柏拉图的言论),原因在于他是第一位对"人类"产生兴趣的哲学家,我们将着重介绍他以下两种哲学观点。

真理观

"我唯一知道的事情,是我一无所知。"这句话看似是说苏格拉底自认为是无知的,实际是指知识不是永恒不变的,人们需要不断地探索,才能认识真理。

善恶观

"没有自愿作恶的恶人。"苏格拉底认为人作恶并非出于恶意,而是出于无知,他们往往将"恶"误认为"善"。

注意采用契合孩子们年龄特征的语言表达方式，确保每个孩子都能够准确地理解每个词语。

让孩子们口头总结故事内容，并就所学到的内容提出问题。

给孩子们一段时间思考，请已经会读写的孩子们在哲学笔记里写下他们的问题，并请有意愿的孩子在大家面前提出自己的问题。

问题示例：
- 苏格拉底为什么不越狱？
- 苏格拉底明知道喝了毒药会死，为什么还是把它喝了？
- 苏格拉底是不是对死后会发生什么感到好奇？
- 他害怕吗？
- 他有宗教信仰吗？
- 他为什么不为自己的家人着想呢？

引导孩子们一起思考这些问题，并思考苏格拉底为什么宁愿接受不公正的审判，正直地死去，也不愿意违背法律而屈辱地活着。

第三阶段　制作"苏格拉底"玩偶（20分钟）

小贴士：为了避免课程时间过长，本环节可以根据孩子们的年龄调整时间。

请孩子们四五人一组，在桌子上做手工。检查每个孩子是否都拿到了足够的材料（参见"材料准备"）。与孩子们一起完成以下步骤：

1. 将1只粉色中筒袜套在某只手上。
2. 将这只手的拇指与食指并拢，做"苏格拉底"的"嘴巴"。
3. 保持拳头与前臂的垂直，以区分玩偶的"头部"和"身体"。
4. 将2张黑色的圆纸片贴在"眼睛"的位置（也可以缝上黑色纽扣）。
5. 在玩偶的"头"上加上白棉花或用细绳为"苏格拉底"添上"头发"，在玩偶的"嘴巴"下加上白棉花或细绳，为"苏格拉底"添上长长的"白胡子",再用胶水固定。

6. 将用红纸做的"舌头"贴在"嘴巴"的凹陷处。

7. 将白色方巾沿对角线对折,披在"手腕"处作为"苏格拉底"的"希腊长袍"。

6—7岁的孩子们制作的"苏格拉底"玩偶

小贴士:如果孩子们愿意,可以利用手中的玩偶示意,请求发言。

最后,向孩子们提问:"你们对本次哲学工坊感受如何?"请孩子们依次发言。

拓展活动:30~60分钟

小贴士:此环节活动可视情况延后开展。

围绕"法律"的概念展开哲学讨论

请孩子们简要总结前面所讨论的内容,尽量不要翻看哲学笔记。

让手上套着"苏格拉底"玩偶的孩子们围坐成一圈,深入探讨在前一节课中初步了解的"法律"的概念。

教师口头宣布讨论主题,随后将其写在黑板上。

小贴士:孩子们可以通过举起手中的玩偶,表示希望参与讨论、表达观点或回应别人的发言(孩子们不发言时,可将玩偶放在地上)。

启发性问题示例:
- 你们可以举几个与法律有关的例子吗?
- 遵守法律容易吗?
- 在你们看来,只有成人才需要遵守法律吗?
- 如果不遵守法律,会有什么后果?
- 法律和规则之间有什么区别?(可参考前一节课的讨论)
- 在我们的课堂上,遵守的是法律还是规则?
- 法律有不同的类型吗?
- 法律总是公正的吗?
- 你们有哪些关于"公正"的法律案例?
- "公正"是指什么?
- 你们曾遭受过不公正的对待吗?

面对 7—11 岁的孩子们,可加入以下问题:
- 法律由谁制定?
- 各个国家的法律会有不同吗?为什么?
- 不同时代的法律会有不同吗?在你们看来,这是为什么?
- 法律和规则之间有什么联系?
- 大自然有它自己的法则吗?

集体思考问题:"法律是什么?"

集体定义示例：法律

> 这个世界上的规则至少有两类：法律和物理定律。
>
> 法律是由国家制定以规范社会生活的所有法规的集合。例如，未成年人驾车、盗窃或杀人的行为将受到惩罚等。
>
> 物理定律则是大自然强加的一种限制，例如重力法则、气体定律等。

请孩子们将集体定义抄写（或者粘贴）在自己的哲学笔记里。

让孩子们说出（6—7岁儿童）或者写下（7—11岁儿童）尚不存在的、能够改善世界的法律。

收集孩子们的建议，将它们写在黑板上并大声念出来，同时将它们抄写在一张海报上并将其张贴在教室里。

> 我们尝试提出尚不存在的法律。
> "我们可以每天都换一位总统"，但这好像很难实施。
> "允许在屋顶上滑滑板"，不过这样很危险，法律就是为了保护我们才存在的，所以，我们希望有这样一条法律：
> "禁止世界上所有的国家制造武器。"

7—8岁的孩子们完成的海报

最后，向孩子们提问："你们对本次哲学工坊感受如何？"请孩子们依次发言。

活动 3　我是谁？

活动时长
45~60 分钟。
材料准备
第一至四阶段：1 本哲学笔记、1 支蜡烛（在安全规定允许的情况下）或 1 个沙漏，以及若干图片（可从互联网上搜索并下载）。 拓展活动——联想画像：A3 大小的卡纸、彩色铅笔、毛毡、小石子、树叶、小珍珠、塑料瓶、报纸、纽扣、布料、棉花、细绳和胶水等。 拓展活动——制作"忒修斯之船"：A3 大小的白色和蓝色纸张若干、剪刀、胶水、马克笔、彩色铅笔和毛毡。
活动组织
第一、二阶段：孩子们和教师围成一圈，坐在高度相同的椅子上，以便平等地倾听和互动。 拓展活动：四五个孩子一组，在桌子上制作"忒修斯之船"。

第一阶段　活动开始，准备蜡烛或沙漏（5 分钟）

让孩子们围坐成一圈，宣布开始今日的哲学工坊。

放置好蜡烛或沙漏。

先让孩子们回忆"黄金法则"，然后集体总结前一节课的内容（仅在必要的情况下才可以翻看哲学笔记）。

第二阶段　主题讨论（20 分钟）

借助于"苏格拉底"玩偶，向孩子们宣布今日问题："我是谁？"，并将其写在黑板上。

借助于图片（或插画、照片等）向孩子们说明今日问题，然后将图片贴到黑板上。注意，请仅展示活动材料，不要做过多的阐释，以免影响孩子们的思考。

图片内容示例如下。

- 一个人看着镜子中的自己，头上方画着一个问号。
- 两格漫画——第一格里的人看着镜子中的自己；第二格里的人看着自己的狗，有一个问号。
- 一个小人儿，头部被一个问号代替。
- 宇宙。

让孩子们安静地思考一段时间，然后对图片进行描述。

小贴士：将图像语言作为一种辅助性的视觉引导材料，有助于不同年龄段的孩子们进行思考，进而锻炼其概念化技能。

在概念化层面，描述图像有以下作用：

- 强调所涉及的概念（比如"身份"）和图像之间的联系；
- 区分不同的图像；
- 更有力地表现出其中相似或对立之处。

还可由此引申出不同的子问题。例如，从第一张图片出发，我们可以深挖这个问题："了解自己是谁，容易吗？"

不断地让孩子们解释他们的回答，逐渐培养他们的论证能力。

从上述初步的启发性问题出发，我们将今日问题表述为："如果有人请你说说你是谁，你会如何作答？"，让孩子们说说自己的答案。

让孩子们积极思考，并举手发言，用论据论证自己的观点。

教师自己或者事先指定一个孩子（7—11岁）作为记录员，在黑板上做笔记，记录讨论的关键点。

小贴士：通过不断练习，孩子们将学会"记录关键点"的记笔记方法，并由此构建思维导图。

孩子们可能给出的答案如下所示。
- 我是一个孩子。
- 我是××（自己的姓名）。
- 我是一个生物。
- 我是一个男孩。
- 我是一个女孩。
- 我是一个好人。
- 我是宇宙里的一粒尘埃。
- 我是我爸爸妈妈的儿子（或女儿）。
- 我是一个喜欢冰激凌的人。

请孩子们将今日问题抄写（或者粘贴）在自己的哲学笔记里，并让已经会读写的孩子记下自己的心得。

从孩子们的回答出发，让他们寻找不同的定义，即与刚才的答案相反的概念："你们可以说一说孩子（或××、男孩、好人等）不是什么吗？"

反向概念示例如下。
- 孩子不是大人。
- 孩子不是植物。
- 孩子不是机器人。
- 孩子不是小鸡。
- 我，（××），不是（××，另一个人的姓名）。
- 男孩不是女孩。
- 一个好人不会是一个小偷。

从孩子们的回答出发，指导他们参与概念化过程，以区分概念，并进行论证，以证明其观点的正确性。

启发性问题示例：
- 你们知道自己和××（如一个机器人、一株植物、一个物品、其他孩子、成人等）之间的区别吗？
- 在你们看来，为什么会有这些不同呢？
- 你们可以举几个例子吗？
- 你们和××（如一个机器人、一株植物、一件物品、其他孩子、成人等）之间是不是也有共同之处呢？

请已经会读写的孩子在哲学笔记里记下自己的心得。

第三阶段　思维体验：忒修斯之船（即"忒修斯悖论"）（25分钟）

向孩子们介绍思维体验活动"忒修斯之船"，这一哲学悖论自古就被运用在思维训练之中。向其展示"忒修斯和弥诺陶洛斯"的图片，并讲述这一神话故事。

小贴士：尽量不要照本宣科，而应面向孩子们讲述故事，并且采用契合孩子们年龄特征的语言表达方式，这样可以更好地吸引他们的注意力。

忒修斯大战弥诺陶洛斯 [1]

---

[1] 弥诺陶洛斯是克里特岛王后与公牛所生的怪物，它有着牛头和人身，被囚禁在迷宫里。雅典因战败，被迫答应每九年进贡七对童男童女到克里特岛，而这些童男童女都被送到迷宫喂给弥诺陶洛斯。忒修斯为了挽救雅典的人民，于是带领童男童女前往迷宫，借机杀死了弥诺陶洛斯。——译者注

> 在战胜了弥诺陶洛斯之后，忒修斯乘船返回雅典。接下来的几个世纪，雅典人一直保存着这艘船，并一点点地将船身上损坏的木板换成新木板。最后，船上原来的木板一块都没有了。

注意采用契合孩子们年龄特征的语言表达方式，确保孩子们能理解每个词语的含义以及故事大意，并请他们口头概述这则希腊神话的内容。随后，向他们提问：经过几个世纪的修缮，船上所有的木板都被换成了新的，那么这艘船还是忒修斯原先的那艘船吗？和往常一样，请孩子们通过举正例和反例来说明并论证自己的观点。

这则神话故事所蕴含的潜在问题是："究竟是哪些要素构成了事物的本质？"，材料（原先的木板）、形状（船的模样），还是记忆（与船相关的故事）？还存在其他构成事物本质的要素吗？

引导孩子们进行类比，用"船"比喻个体的"身份"，思考并回答以下问题："哪些要素构成了你的身份特征？换言之，是哪些东西让我们得以认识你是谁？"

孩子们可能给出的答案如下所示。

- （身体）我的脸、我的指纹……
- （经历）我的生日宴会，我每天都去学校……
- （记忆）我小时候的回忆……

接下来抛出第二个问题，再次开启讨论："当你长大了，你的外形会改变，知道的事情也会更多，那么你还是曾经的你吗，还是变成了另外一个人呢？"随后，让孩子们提供论据、正例或者反例来论证他们的观点。

第四阶段　总结（10分钟）

请6—7岁的孩子们围绕今日问题"我是谁？"画一幅画；7—11岁的孩子们则可以在他们的哲学笔记里画一画（或者写一写）他们的思考内容，以及由集体讨论引申出的个人问题。

鼓励孩子们自愿在大家面前分享自己的所画或所写。

口头总结本次活动的核心内容（由孩子们或教师完成）。

最后，向孩子们提问："你们对本次哲学工坊感受如何？"请孩子们依次发言。

拓展活动：30~60 分钟

小贴士：此环节活动可视情况延后开展。

请孩子们简要总结前面所讨论的内容，尽量不要翻看哲学笔记。

根据孩子们的年龄和积极性，从以下两项活动中选择一项。

联想画像

请孩子们通过思考以下问题，完成联想画像游戏。

- 如果你是一种动物，你希望是哪种动物？
- 如果你是一种颜色，你希望是哪种颜色？
- 如果你是一件物品，你希望是哪件物品？
- 如果你是一首歌，你希望是哪首歌？
- 如果你是一株植物，你希望是一株什么植物？
- 如果你是一个地点，你希望是什么地点？
- 如果你是一部动画片，你希望是一部什么样的动画片？

让孩子们使用丰富多样的材料（参见"材料准备"）制作自己的联想画像，这个艺术活动的目的依旧是培养孩子们的理性思考能力。

为了更好地引导孩子们思考，可参考本书第一部分中"如何帮助孩子们进行哲学讨论？"一节的内容，并着重培养孩子们的以下思维技能。

概念化

◆ 你们的作品表现了什么内容？

◆ 可以描述一下你们制作的东西吗？

首先，通过艺术实践激励孩子们联想，让他们把握所涉及的概念，这里指的是"自我"这一概念。然后，引导孩子们对其他孩子所画的涉及类似或不同概念的画作进行思考，以做出概念上的比较和区分（例如"物品与动物""动物与植物""植物与色彩"等）。

◆ ×× 与 ×× 之间的区别是什么？

◆ 相反地，×× 与 ×× 之间有共同点吗？

论证

◆ 可以向大家解释一下你们为什么选择表现 ×× 吗？

◆ 你们的作品和主题之间有什么关联？

问题化

旨在发掘藏在画像背后的关键要素，可参考《忒修斯之船》这一故事提出问题。

◆ 你们的画像呈现了哪些问题？

◆ 你们的画像暗含了什么意思？

◆ 你们觉得 ×× 是 ×× 造成的吗？

小贴士：本次拓展活动的意义在于继续推进孩子们的讨论，并向他们表明绘画不只是对已有言语讨论的辅助性说明，更是一种可用于提出哲学问题的工具。在这个环节，孩子们需要经常给出各种论据，并学会区分概念和分辨不同的问题。

教师可将孩子们的作品放在教室或走廊里展出几日，也可将其照片发布在班级的网络平台上，作为记录留存。

联想画像作品：星星

联想画像作品：骆驼

联想画像作品：鱼

口头总结本次活动的核心内容（由孩子们或教师完成）。

最后，向孩子们提问："你们对本次哲学工坊感受如何？"请孩子们依次发言。

制作"忒修斯之船"

联系前文的故事，让孩子们跟随忒修斯一起进入太空，动手制作一艘战船。

讲一个为了引起孩子们的兴趣而创编的小故事，举例如下。

> 地球陷入了危险！忒修斯被再度召唤，抗击外星入侵者，保护地球。首先是火星人，然后是金星人，接着是其他星系的入侵者。每一次，忒修斯都勇敢地爬上战船，与外星人展开斗争。最后，忒修斯赢得了每场战争的胜利，但他的战船却没能幸免。
>
> 每一次回归地球的时候，忒修斯都必须更换战船的一些零件。有时候需要更换右翼，有时候需要更换左翼，然后是驾驶舱，接着是发动机，甚至需要重新喷漆。曾经白色的战船，现在变成了蓝色的！

注意采用契合孩子们年龄特征的语言表达方式，确保孩子们能理解每个词语的含义以及故事大意,并请他们口头总结故事的内容。

宣布开始制作第一艘战船(白色)。

将孩子们安排在桌子旁,并提供必要的材料(参见"材料准备")。课前可在纸张上画好战船的轮廓,以便在课堂上裁剪。随后按照以下步骤搭建战船。

1. 沿着画好的轮廓裁剪船体。

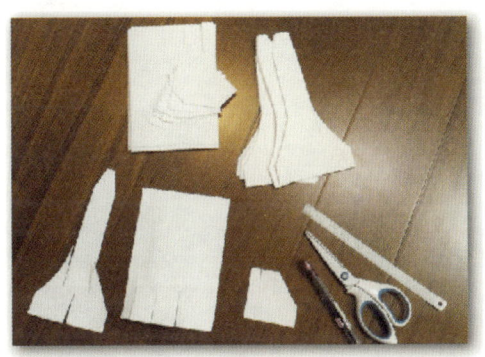

2. 用胶水将各个部分拼接起来,并画上装饰性图案。

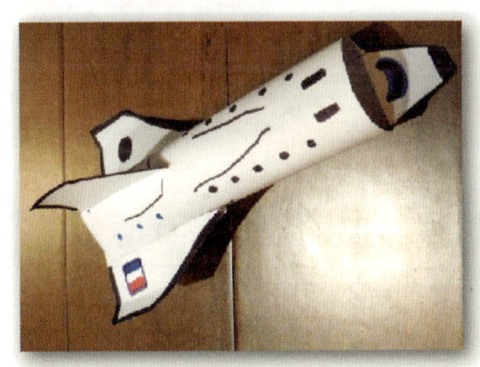

3. 战船组装完毕之后,大家一起重温故事。让孩子们在每次战役结束后,换下战船上的某个零件,用蓝色的纸张代替,并将原先的零件保存在一边。

最后,孩子们利用拆下的所有部件(白色),再重新拼出原先的战船

（白色）。

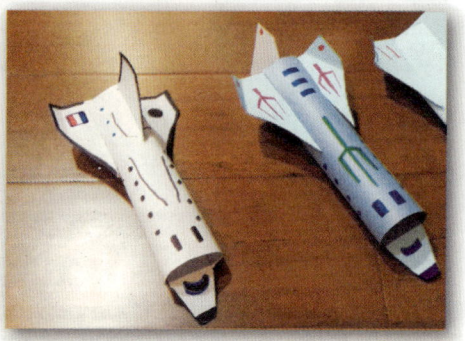

活动结束时，每个孩子都有两艘战船：新战船（蓝色）和用原先的白色纸张重建的白色战船。孩子们可以用马克笔等工具装饰新战船。

让孩子们自由地玩一会儿战船，向他们提问："现在，你们每个人都有两艘战船，那么，在你们看来，哪艘才是真正的'忒修斯之船'呢？"

请孩子们通过举例或提供论据来支持自己的观点，并由此展开一场简短的讨论。

小贴士：本次拓展活动通过变换故事背景和游戏方式，让孩子们更好地理解"忒修斯悖论"，并借助于"整全法"所倡导的思想，通过艺术实践活动促进孩子们深入探索"身份认同"这一主题。

口头总结本次活动的核心内容（由孩子们或教师完成）。

最后，向孩子们提问："你们对本次哲学工坊感受如何？"请孩子们依次发言。

活动 4　我可以脱离他人独自生活吗？

活动时长

45~60 分钟。

材料准备

1 本哲学笔记、1 支蜡烛（在安全规定允许的情况下）或 1 个沙漏，以及若干图片（可从互联网上搜索并下载）。

活动组织

第一、二、四阶段和拓展活动：孩子们和教师围成一圈，坐在高度相同的椅子上，以便平等地倾听和互动。

第三阶段：孩子们站在足够宽敞的空间里玩表演游戏。

第一阶段　活动开始，准备蜡烛或沙漏（5 分钟）

让孩子们围坐成一圈，宣布开始今日的哲学工坊。

放置好蜡烛或沙漏。

先让孩子们回忆"黄金法则"，然后集体总结前一节课的内容（仅在必要的情况下才可以翻看哲学笔记）。

第二阶段　主题讨论（25 分钟）

借助于"苏格拉底"玩偶，向孩子们宣布今日问题："我可以脱离他人独自生活吗？"，并将其写在黑板上。

借助于图片（插画、照片等）向孩子们说明今日问题，然后将图片贴到黑板上。注意，请仅展示活动材料，不要做过多的阐释，以免影响孩子们的思考。

图片内容示例如下。

- 一个小人独自待在荒岛上。
- 一个小人在人群中显得很害怕。
- 广场上的人群、一场集会或者坐满了人的体育馆。
- 一个人在超市收银台结账。
- 一位母亲正在给孩子喂奶。
- 一位妇人坐在长椅上，一旁是她的狗。

让孩子们安静地思考一段时间，然后对图片进行描述。

小贴士：将图像语言作为一种辅助性的视觉引导材料，有助于不同年龄段的孩子们进行思考，进而锻炼其概念化技能。

在概念化层面，描述图像有以下作用：

- 强调所涉及的概念（比如此处想说明的"自己与他人之间的关系""独立性""自主性"等）和图像之间的联系；
- 区分不同的图像；
- 更有力地表现出其中的相似或对立之处。

对以上图片的讨论可引申出不同的子问题。例如，对于第二张图片，我们可以深入探讨这个问题："即使身处人群之中，我们是否仍会感到孤独？"

不断地让孩子们解释他们的回答，逐渐培养他们的论证能力。

参考上述启发性问题，我们可以将今日问题表述为："我可以脱离他人独自生活吗？"，让孩子们举手说出自己的答案。

孩子们可能给出的答案如下所示。

- 如果我是隐士，就可以。
- 单身的人也可以。
- 不能，因为我们需要朋友。
- 如果我们丢下小宝宝，那么他会死的。
- 有时候，我们需要一个人待着。
- 每个人都会和一些人形成某种关系。
- 如果我们一直一个人待着，就会连说话都学不会。
- 如果没有其他人，我们甚至没法买吃的。

教师自己或者事先指定一个孩子（7—11岁）作为课堂记录员，在黑板上做笔记，记录讨论的关键点。

请孩子们将今日问题抄写（或者粘贴）在自己的哲学笔记里，并让已经会读写的孩子记下自己的心得。

鼓励孩子们提供论据（或例子），以捍卫自己的选择。随后，可以让他们给出一些反例，以便最终放弃最初的假设或对其进行修正。为了达到这样的训练目的，教师可以参考第一部分中"如何开启讨论？"一节的内容。

推理过程如下所示。

最初假设如下。

我们如果是大人，且喜爱孤独，那么就可以脱离他人独自生活。

举例如下。
- 我的舅舅从不给别人开门，也不见人。
- 艺术家们喜欢独处，这样能找到更多灵感。
- 流浪汉独自在街上生活，因为没有人想和他们一起住。

反例如下。
- 如果我的舅舅生病了，他就必须去看医生。

- 艺术家也需要向别人展示自己的作品。
- 流浪汉也会向人们要钱。

细化最初提出的假设，如下所示。
- 有时候，人们需要独处的时间，但是人们没有办法一直一个人待着，因为人与人之间是彼此需要的。

启发性问题示例：
- 他人（父母、兄弟姐妹、朋友、教师等）在你们的生活中扮演什么样的角色？
- 其他人能让你们更好地认识自己吗？
- 他人能够帮助你们更好地了解自己吗？以什么方式呢？你们能举个例子吗？
- 父母的评价对你们来说重要吗？朋友们的评价呢？
- 你们喜欢偶尔的独处时刻吗？
- 孤独能够帮助你们认识自己，建立自己的身份特征吗？

请已经会读写的孩子在哲学笔记里记下自己的心得。

第三阶段　玩表演游戏，探索今日问题（20分钟）

为了以不同的方式探讨今日问题，建议孩子们玩一个表演游戏。

将孩子们分成几个小组，第一小组设想三个场景，在这些场景中，参与者可以扮演成人或者孩子，然后表演不同的场景。

场景示例如下。
- 一个孩子正和同学们以及教师在一起。
- 男足或者女足队员正在比赛。
- 一位女士正在房间中读书。
- 一位男士正在睡觉。

- 一位妈妈正在安抚孩子。
- 两个小朋友正在吵架。

第二小组试图猜出第一小组所表演的场景是什么，第三小组则负责说说这些场景中的"他人"是否在自己的生活中发挥着重要的作用，以及他们是如何发挥作用的。和往常一样，不断地让孩子们阐明自己的观点。演完三个场景后，各小组交换任务。

小贴士：本次活动可以让孩子们以有趣的方式深刻理解所探讨的主题，并培养以下思维能力。

> 创造性思维：设想不同的场景。
> 专注性思维：学会倾听，作为表演者和观众友善地交流。
> 批判性思维：通过创作游戏情节和猜一猜环节，培养孩子们概念化（通过表演和观察来总结问题）、问题化（游戏情节表现了什么）和论证（通过提供论据来支持自己的观点）的能力。

第四阶段　总结（10分钟）

请6—7岁的孩子们围绕今日问题"我可以脱离他人独自生活吗？"画一幅画；7—11岁的孩子们则可以在哲学笔记里画一画（或者写一写）他们的思考，以及由集体讨论引发的个人思考和问题。

鼓励孩子们自愿在大家面前分享自己的所画或所写。

口头总结本次活动的核心内容（由孩子们或教师完成）。

最后，向孩子们提问："你们对本次哲学工坊感受如何？"请孩子们依次发言。

拓展活动：30~60 分钟

小贴士：此环节活动可视情况延后开展。

基于格言展开哲学讨论（9—11 岁儿童适用）

请孩子们简要总结前面所讨论的内容，尽量不要翻看哲学笔记。

随后，向孩子们介绍以下两句哲学格言，以拓展主题为"我可以脱离他人独自生活吗？"的讨论。

> 人天生是一种政治动物。①
>
> ——亚里士多德（Aristote）
>
> 人对人来说是狼。②
>
> ——托马斯·霍布斯（Thomas Hobbes）

将这两句格言写在黑板上，并让孩子们大声朗读出来。可以使用两个玩偶，以幽默的方式介绍这两位哲学家。

联系今日所探讨的主题，并从这两句格言出发，引导孩子们思考这两种关于人性的相对立的观点。

确保孩子们能理解格言中每个词语的含义，让他们说说自己对格言的理解。

在第一句格言里，亚里士多德谈人性，认为人生来就是"政治动物"，

---

① 出自公元前 4 世纪的《政治学》（*Les Politiques*）一书。
② 出自 17 世纪的《利维坦》（*Le Léviathan*）一书。

是"社会动物",也就是说,人自然而然地倾向于生活在集体之中,即和他人生活在一起(比如在家庭、城市或村庄中)。在第二句格言里,托马斯·霍布斯认为,人性是自私的,人对他者充满怀疑。在他的观点中,人们生活在一起不是因为如亚里士多德所言人天生具有社会性,而是因为国家和法律可以避免人们相互伤害,从而保护个体。

最后,结合孩子们在课间休息或课堂上的实际经历(集体活动、争执等),进一步探讨"我可以脱离他人独自生活吗?"这一主题。

活动 5　朋友还是恋人?

活动时长
45~60 分钟。
材料准备
1 本哲学笔记、1 支蜡烛(在安全规定允许的情况下)或 1 个沙漏,以及若干图片(可从互联网上搜索并下载)。
活动组织
第一、二阶段和拓展活动:孩子们和教师围成一圈,坐在高度相同的椅子上,以便平等地倾听和互动。 第三阶段:孩子们在桌子旁就座,以便在哲学笔记上书写或画画。

第一阶段　活动开始,准备蜡烛或沙漏(5 分钟)

让孩子们围坐成一圈,宣布开始今日的哲学工坊。

放置好蜡烛或沙漏。

先让孩子们回忆"黄金法则",然后集体总结前一节课的内容(仅在必要的情况下才可以翻看哲学笔记)。

第二阶段　主题讨论（40分钟）

借助于"苏格拉底"玩偶,向孩子们宣布今日问题:"朋友还是恋人?",并将其写在黑板上。

借助于图片(插画、照片等)向孩子们说明今日问题,然后将图片贴到黑板上。注意,请仅展示活动材料,不要做过多的阐释,以免影响孩子们的思考。

图片内容示例如下。

- 两个孩子在一起玩耍,比如踢球。
- 一个男孩和一个女孩牵着手走在一起。
- 一个男孩和一个女孩,或两个男孩和两个女孩在一起安静地交谈。
- 一个孩子和他的小猫。

让孩子们安静地思考一段时间,然后对图片进行描述。

小贴士:将图像语言作为一种辅助性的视觉引导材料,有助于不同年龄段的孩子们进行思考,进而锻炼其概念化技能。

在概念化层面,描述图像有以下作用:

- 强调所涉及的概念(比如此处想说明的"友谊"和"爱情")和图像之间的联系;
- 区分不同的图像;
- 更有力地表现出其中的相似或对立之处。

对以上图片的讨论可引申出不同的子问题。例如,对于最后一张图片,我们可以深入探讨这个问题:"我们可以和动物成为朋友吗?"

不断地让孩子们解释他们的回答,逐渐培养他们的论证能力。

教师自己或者事先指定一个孩子(7—11岁)作为课堂记录员,在黑板上做笔记,记录讨论的关键点。这里的讨论主要围绕"朋友还是恋人?"

这一主题展开，课堂记录员可以绘制一个两栏表格，用于比较孩子们站在不同的立场上所持的观点。

安静地思考一段时间之后，可将今日问题细分为以下三个子问题，并向孩子们说明接下来的思考步骤。

第一个子问题：在你们看来，朋友是什么？

让孩子们积极思考，并举手发言，用论据论证自己的观点（8—11岁儿童适用）。

孩子们可能给出的答案如下所示。

◆ 朋友是我们很喜欢的人。

◆ 朋友是和我们一起玩耍的人。

◆ 朋友是我们可以分享秘密的人。

◆ 如果某个朋友去世了，那么我们会很难过。

◆ 朋友就是同学。

◆ 朋友和同学不一样。

◆ 虽然我们和朋友也会吵架，但是吵完了会和好。

启发性问题示例：

◆ 朋友是和你相像的人还是不同的人？

◆ 友谊会结束吗？

◆ 我们可以没有朋友吗？

◆ 我们为什么要有朋友？

◆ 如何选择朋友？

◆ 我们可以强迫某个人成为自己的朋友吗？

◆ 拥有朋友容易吗？

◆ 你喜欢和朋友做什么活动？

◆ 朋友和同学有什么区别？

◆ 友谊能改变我们吗？

◆ 动物有朋友吗？

针对所涉及的同一个概念（此处是"朋友"）提出不同的定义，然后将其写在黑板上，并让孩子们大声朗读出来（9—11岁儿童适用）。

> 朋友是我们可以信任的人。
>
> 朋友是我们可以与之玩耍的人。
>
> 朋友有时候也会伤害我们。
>
> 朋友可以是家庭里的某个人。
>
> 朋友就像兄弟一般。
>
> 朋友是对我们有所隐瞒的人。

请孩子们从中选出最贴切和最不贴切的定义，然后论证自己的选择。注意，教师先不要对这些定义做过多的解释性评论，以免影响孩子们的判断。随后，就此展开一场集体讨论。

小贴士：这种 Q - 分类法通过调用大脑皮质的语言概念功能来提供启发性材料（即那些定义），有助于孩子们在不同的层面上进行思考，其主要目的是培养概念化技能。

就概念化而言，Q - 分类法有以下作用：

- 强调所涉及的概念（比如这里的"朋友"）与所提供的诸多定义之间（或多或少）的联系；
- 区分不同的定义；
- 更有力地表现出其中的相似或对立之处。

通过孩子们对同一概念的不同定义的解读，可以引申出更多的子问题。比如，一些孩子认为朋友就是家庭里的某个人，而另一些孩子可能不同意这个观点。

不断地让孩子们解释他们的回答，逐渐培养他们的论证能力。

从以上初步的启发性问题出发，教师可以自己或者事先指定一个孩子

（7—11岁）作为课堂记录员，在黑板上做笔记，记录讨论的关键点，如"朋友是什么？"这一核心问题。

第二个子问题：在你们看来，恋人又是什么？

让孩子们积极思考，并举手发言，用论据论证自己的观点（8—11岁儿童适用）。

孩子们可能给出的答案如下所示。

- 恋人是允许我们亲他（或她）的人。
- 恋人是我们想和他（或她）结婚的人。
- 恋人是我们可以和他（或她）生孩子的人。
- 恋人就是会一辈子在一起的人。
- 恋人们不一定会一辈子在一起。

启发性问题示例：

- 恋人是和你相像的人还是不同的人？
- 爱有尽头吗？
- 我们的生活可以没有爱情吗？
- 现在你已经有爱的人了吗？
- 是到了一定的年龄才可以坠入爱河吗？
- 爱是什么？
- 爱只有一种方式吗？
- 我们只有先学会爱自己才能去爱别人吗？
- 爱一个人与爱一件物品或者热爱一项活动是一回事吗？
- 动物也会相爱吗？

针对所涉及的同一个概念（此处是"恋人"）提出不同的定义，然后将其写在黑板上，并让孩子们大声朗读出来（9—11岁儿童适用）。

> 恋人是可以亲吻的人。
>
> 恋人是和我们一起居住的人。
>
> 恋人是可以与之结婚的人。
>
> 恋人是会在学校里帮我们写作业的人。
>
> 恋人就是我们深爱的那个人。
>
> 恋人就是一直烦我们的那个人。

请孩子们从中选出最贴切和最不贴切的定义，然后论证自己的选择。注意，教师先不要对这些定义做过多的解释性评论，以免影响孩子们的判断。随后，就此展开一场集体讨论。

小贴士：此处采用的 Q-分类法通过调用大脑皮质的语言概念功能来提供启发性材料（即那些定义），有助于孩子们在不同的层面上进行思考，其主要目的是培养概念化技能。

就概念化而言，Q-分类法有以下作用：

- 强调所涉及的概念（比如这里的"恋人"）与所提供的诸多定义之间（或多或少）的联系；
- 区分不同的定义；
- 更有力地表现出其中的相似或对立之处。

通过孩子们对同一概念的不同定义的解读，可以引申出更多的子问题。比如，一些孩子或许认为恋人可以同居，而另一些孩子可能不同意这个观点。在此过程中，教师应持续引导孩子们为自己的观点提供论据，这将对培养孩子们的论证能力大有裨益。

在讨论过程中，教师依据所借助的材料引导孩子们说出自己的观点，并由教师自己或提前指定的一个孩子（7—11岁）作为课堂记录员，在黑板上进行记录。如此一来，既能记下讨论的关键点，又能着重记录"恋人"这一概念被赋予的种种特征。

第三个子问题：在你们看来，成为朋友和成为恋人，这两者有区别吗？

孩子们可能给出的答案如下所示。

- 没有区别，我们会像爱自己的恋人一样爱自己的朋友。
- 有区别，我们不会亲朋友的嘴。
- 没有区别，因为恋人也可以是朋友。
- 有区别，我们不会和朋友生小孩。
- 有区别，因为爱会有尽头，但是朋友是一辈子的。
- 有区别，我们不能选择爱上谁，但是我们可以选择自己的朋友。
- 有区别，恋人是我们很爱很爱很爱的人，而朋友只是一起玩耍的人。
- 有区别，因为恋人会和我们结婚，然后变成家庭的一员。

讨论期间，让孩子们不要忘记通过举例来论证自己的观点，提醒他们寻找反例以推翻或者深化最初的假设。

让孩子们将今日问题和子问题抄写（或者粘贴）在自己的哲学笔记里，同时教师在黑板上列出两栏，比较"朋友"和"恋人"这两个概念的异同。随着讨论的展开，孩子们将共同总结出很多关键点。随后，请已经会读写的孩子在哲学笔记里记下自己的心得。

第三阶段　总结（15分钟）

请6—7岁的孩子们围绕今日问题"朋友还是恋人？"画一幅画；7—11岁的孩子们则可以在他们的哲学笔记里画一画（或者写一写）他们的思考内容，以及由集体讨论引申出的个人问题。

鼓励孩子们自愿在大家面前分享自己的所画或所写。

口头总结本次活动的核心内容（由孩子们或教师完成）。

教师可将孩子们的画作放在教室或者走廊里展出几日，也可将其照片发布在班级的网络平台上，作为记录留存。

哲学绘画：朋友还是恋人？（8—9 岁儿童作）

最后，向孩子们提问："你们对本次哲学工坊感受如何？"请孩子们依次发言。

拓展活动：30~60 分钟

小贴士： 此环节活动可视情况延后开展。

请孩子们简要总结前面所讨论的内容，尽量不要翻看哲学笔记。
根据孩子们的年龄和积极性，从以下三项活动中选择一项。

读绘本，谈"朋友"和"恋人"

在众多以"友谊"为主题的绘本中，可选择以下几本作为参考：
- 《小蓝和小黄》[1]（*Petit Bleu, Petit Jaune*，Leo Lionni，1970）（适合 3—6 岁儿童阅读）；
- 《露露》（*Loulou*，Grégoire Solotareff，2001）（适合 5—7 岁儿童阅读）；
- 《朋友与朋友》（*Ami & Ami*，Rasacal & Girel，2002）（适合 6—8 岁

---

[1] 该书已由明天出版社于 2008 年出版。——译者注

儿童阅读）。

在众多以"爱情"为主题的绘本中，可选择以下几本作为参考：
- 《小龙喷喷恋爱了》[1]（*Dragons amoureux*，Alexandre Lacroix，& Ronan Badel，2016）（适合 4—8 岁儿童阅读）；
- 《恋爱中的小鳄鱼》（*Le crocodile amoureux*，Damelia Kulot，2000）（适合 4—7 岁儿童阅读）；
- 《熊熊恋爱啦》（*Ours est amoureux*，Annemarie Van Haeringen，2006）（适合 4—7 岁儿童阅读）；
- 《恋爱嘎嘣脆》（*Une Histoire d'amour à crrroquer*，Emmanuelle Eeckhout，2003）（适合 5—7 岁儿童阅读）

读完绘本故事之后，请孩子们口头总结故事内容，并说说自己的心得。

绘本作为一种有效的教学工具，可以拓展读者关于"友谊"和"爱情"以及两者关系的探讨。

讲述"阿里斯托芬神话"[2]，探索爱的起源

给孩子们讲述以下神话故事。

> 过去有 3 种人：男性、女性和雌雄同体者。每个人都是 1 个球形，有 4 只手、4 条腿，1 颗头上长着 2 张脸、4 只耳朵，还是两个性别。
> 那时的人类可以随意前行、后退或者用 8 只手脚奔跑。男性是太

---

[1] 该书已由上海文化出版社于 2019 年出版。——译者注
[2] 在柏拉图的《会饮篇》（*Le Banquet*）中，阿里斯托芬（Aristophane）谈及爱欲时讲述了一个神话：最初的人是太阳、大地和月亮后裔的圆球人，他们呈球形、圆满自足，因看不起奥林匹斯诸神而发起挑战。圆球人失败后，宙斯令阿波罗将其切成两半以削弱他们的力量，使他们敬畏诸神并献祭。——译者注

阳的孩子,女性是大地的孩子,而雌雄同体者是月亮的孩子。他们有无限的力量和高傲的性格。他们希望取代神的位置,于是试着上天去和天神斗争。天神宙斯想到了一个不杀死他们也能削弱他们力量的方法,即把他们切成两半。他命令阿波罗将他们的脸扭到一边,再为其缝上肚子,肚脐就是当时留下的痕迹。

因此,爱情不过如此:寻找我们缺失的另一半!

——改编自柏拉图《会饮篇》中的"阿里斯托芬神话"

(Aristophane,Platon,IVe siècle av. J.-C.)

小贴士: 尽量不要照本宣科,应看着孩子们的眼睛,用讲述的方式吸引他们的注意力。

注意采用契合孩子们年龄特征的语言表达方式,确保孩子们能理解故事大意。

请孩子们口头总结故事的内容,并就所听到的内容提出问题或者说说自己的心得。

安静地思考一段时间之后,让已经会读写的孩子们在哲学笔记里写下自己的问题,并让有意愿的孩子在大家面前说说自己的心得。

最后,让孩子们就"爱情是否是找寻自己缺失的另一半?"这一问题展开集体讨论。

了解古希腊人眼中爱的不同形式,区分其概念

> 友爱(philia):友谊之爱(恰如我们在第二阶段的活动中所讨论的,哲学家都是哲学爱好者,也就是哲学的"朋友")。
> 爱欲(eros):欲望之爱。
> 圣爱(agapè):博爱。

介绍以上几种爱的形式,并向孩子们提问:

- 这些爱有什么区别?
- 在你们看来,还有其他形式的爱吗?
- "爱自己"是什么意思?

最后,给孩子们讲述纳西斯[1]的神话故事。教师在课前准备时,可参考塞巴斯蒂安·沙布雷(Sébastien Chebret)的《纳西斯的回声:不可能的爱》(Écho et Narcisse. Un amour impossible,2012)一书。

孩子们如果愿意,还可以选择用绘画的方式探索今日问题。

哲学绘画:对"爱"的不同演绎[2](7—8岁儿童作)

---

[1] 纳西斯(Narcisse)是古希腊神话中河神与水泽神女之子,容貌出众,万千少女甚至神女都为之倾倒,但他拒绝了她们的求爱,而是深深地爱上了自己在水中的倒影,从此守在水边不吃不喝,最终憔悴而死,化为了水仙花。——译者注

[2] 左图为"爱之树",树上有"你好""爱""礼物""生日快乐"等词语;中间图片上的红心里写着"爱",下面的句子意思为"对兄弟或者姐妹的爱"。——译者注

活动 6　友谊的代价是什么？

活动时长
45~60 分钟。
材料准备
1 本哲学笔记、1 支蜡烛（在安全规定允许的情况下）或 1 个沙漏。
活动组织
第一至三阶段和拓展活动：孩子们和教师围成一圈，坐在高度相同的椅子上，以便平等地倾听和互动。

第一阶段　活动开始，准备蜡烛或沙漏（5 分钟）

让孩子们围坐成一圈，宣布开始今日的哲学工坊。

把蜡烛或沙漏放在圆圈中间。

先让孩子们回忆"黄金法则"，然后集体总结前一节课的内容（仅在必要的情况下才可以翻看哲学笔记）。

第二阶段　主题讨论（40 分钟）

借助于"苏格拉底"玩偶，向孩子们宣布今日问题："友谊的代价是什么？"，并将其写在黑板上。

举一个以"友谊"为主题的道德困境的例子，开启今日的讨论。

小贴士：道德困境指的是迫使人们做出选择的情境或难题，这种选择往往会导向两种道德体系的冲突。在道德困境中，我们不会问"你会怎么做？"，而是"你应该怎么做？"。

将下面的故事讲给孩子们，确保每个孩子都能准确地理解故事内容。

> 莉莉和佐伊是最好的朋友。一天，佐伊在学校里偷了蒂博的饼干。蒂博是一个从来不吃自己的小点心的男孩。莉莉恰好路过看到了那一刻——好朋友佐伊偷饼干。蒂博在发现自己的饼干被偷之后，大哭着跑去找班主任老师。班主任老师于是召集了全班同学，问大家知不知道是谁偷了蒂博的饼干。于是，莉莉陷入了两难困境！

道德困境问题：莉莉应该怎么做？

留给孩子们一段独自思考的时间。在必要的时候，可为他们提供几个思考方向："莉莉应该告发自己最好的朋友还大家一个真相，还是应该什么都不说，保护佐伊？是绝不撒谎，还是忠于朋友？"

启发性问题示例：

- ✦ 佐伊有错吗？
- ✦ 在你们看来，佐伊为什么要偷饼干？
- ✦ 因为恶意而偷饼干和因为饥饿或贪吃而偷饼干，在你们看来有什么不同？
- ✦ 既然蒂博平时从来不吃自己的小点心，那么他有理由生气、抱怨吗？
- ✦ 如果莉莉不告发佐伊，那么这会让她和佐伊的友谊更坚定吗？
- ✦ 莉莉不认可佐伊做的事情，她还能继续和佐伊做朋友吗？
- ✦ 莉莉还能信任佐伊吗？
- ✦ 我们可以偷朋友的东西吗？
- ✦ 我们的法律允许盗窃吗？
- ✦ 莉莉必须告发佐伊吗？

鼓励孩子们提供论据（或例子），以捍卫自己的选择。随后，可以让他们提供一些反例，以便最终放弃最初的假设或对其进行修正。

请孩子们将今日问题抄写（或者粘贴）在自己的哲学笔记里，并让已

经会读写的孩子记下自己的心得。

第三阶段　总结（10分钟）

请6—7岁的孩子们围绕今日问题"友谊的代价是什么？"画一幅画；7—11岁的孩子们则可以在哲学笔记里画一画（或者写一写）他们的思考内容，以及由集体讨论引申出的个人问题。

鼓励孩子们自愿在大家面前分享自己的所画或所写。

口头总结本次活动的核心内容（由孩子们或教师完成）。

拓展活动：30~60分钟

小贴士：此环节活动可视情况延后开展。

请孩子们简要总结前面所讨论的内容，尽量不要翻看哲学笔记。

根据孩子们的年龄和积极性，从以下三项活动中选择一项。

看视频，谈哲学

请孩子们一起观看一集动画片《米利小姐的十万个为什么》[1]（Mily Miss Questions）。

该动画片的每集视频长约7分钟，可供教师再度开启和拓展孩子们有关"友谊"的讨论。

读绘本，谈哲学

在众多以"友谊"为主题的绘本中，可选择以下几本作为参考：

---

[1] 该剧的第一季已由法国电视台播出，主要讲述9岁的米利探索生活中重要的哲学问题，如"信任是什么？""友谊是什么？"。——译者注

- 《蓝狗》[1]（*Chien Bleu*，Nadja，1989）（适合 5—8 岁儿童阅读）；
- 《奥托》（*Otto*，Tomi Ungerer，2001）（适合 6—8 岁儿童阅读）；
- 《我的朋友吉姆》（*Mon ami Jim*，Kitty Crowther，1996）（适合 6—8 岁儿童阅读）。

给孩子们读完绘本故事之后，让他们口头总结故事内容，并说说自己的心得。

教师可以将绘本作为教学工具，拓展孩子们对"友谊"的讨论。

读哲学格言，谈"友谊"

将以下四句格言写在黑板上，并让孩子们大声朗读出来。教师可以事先准备好相关的哲学家玩偶，以增加活动的趣味性。

> 友谊，先是自爱，然后延伸至其他人。①
> ——亚里士多德
>
> 建立在功利基础上的爱，是因为别人对我们有利；建立在欢愉基础上的爱，是因为别人能让我们快乐。也就是说，我们爱的不是那个人，而是他能给我们带来利益和快乐……因此，这样的友谊是脆弱的……有一天，当我们的朋友不能带给我们利益和快乐的时候，我们就不再喜爱他们了。②
> ——亚里士多德
>
> 完美的友谊是不可分割的……灵魂相互交融，彼此不分你我。③
> ——米歇尔·德·蒙田
>
> 人们在商人那里购买现成的东西。可是由于不存在售卖朋友的商

---

[1] 该书已由南京师范大学出版社于 2012 年出版。——译者注

① 出自公元前 4 世纪的《尼各马可伦理学》（*Éthique à Nicomaque*）一书。

② 同上。

③ 出自 1588 年的《随笔集》（*Essais*）一书。

> 人，所以人们就再也没有朋友了。①
> ——安托万·德·圣埃克苏佩里（Antoine de Saint-Exupéry）

请确保孩子们能准确理解格言中的每个词语。随后，让孩子们给出他们的解读。

让孩子们各选择其中一句格言，并阐述其选择的理由。

理想的情况是：孩子们通过交流，阐述自己赞成（或者反对）的论据，从而就某句格言达成一致意见。如果无法达成一致，那就进行投票。大家所选的这句格言可以作为接下来讨论的基础，以便进一步展开关于"友谊"的讨论。

活动 1　别人能否让我更好地了解自己？

活动时长
45~60 分钟。鉴于纸浆面具晾干所需的时间（根据面具的厚度而定，约 48 小时），本次活动将分两个阶段完成。
材料准备
第一阶段：1 本哲学笔记、1 支蜡烛（在安全规定允许的情况下）或 1 个沙漏。
第二、三阶段：孩子们每人 1 个大号气球、报纸、白胶带、胶水、笔刷、剪刀、油画笔和水溶性颜料，以及黄色、黑色、栗色、红色的细绳。
活动组织
第一阶段：孩子们和教师围成一圈，坐在高度相同的椅子上，以便平等地倾听和互动。
第二、三阶段：两人搭档做手工，制作面具。
拓展活动：孩子们站在教室中间（或其他合适的场地）玩镜像游戏。

---

① 出自 1943 年的《小王子》（Le Petit Prince）一书。

第一阶段　活动开始，准备蜡烛或沙漏（5 分钟）

让孩子们围坐成一圈，宣布开始今日的哲学工坊。

把蜡烛或沙漏放在圆圈中间。

先让孩子们回忆"黄金法则"，然后集体总结前一节课的内容（仅在必要的情况下才可以翻看哲学笔记）。

第二阶段　制作面具（25 分钟）

小贴士：本次活动的目的不是提升孩子们的艺术创作能力，而是根据"整全法"引导孩子们对"自己与他人的关系"这一主题进行探索。

每个孩子都从画搭档的肖像开始。

然后，孩子们根据刚画好的肖像为搭档制作面具。

1. 吹气球。
2. 根据自己为搭档画的肖像，用报纸剪出"头发""耳朵""鼻子""眉毛"和"嘴"。
3. 再将报纸剪成许多细条。
4. 用笔刷将细报纸条一层层地贴在气球上作为面具的壳，层数越多，面具就越结实。
5. 贴上"耳朵""鼻子""眉毛"和"嘴"。
6. 静置 48 小时，待胶水晾干。

小贴士：请在课前准备好材料，吹好气球。如果可能的话，也可以提前将报纸剪成细条，并注意给予年纪太小无法独立完成的孩子以必要的帮助。

第三阶段　做完面具（30 分钟）

1. 用笔尖戳破气球。

2. 剪开一个足够大的开口，让孩子们把头套进去。
3. 在"嘴巴"和"眼睛"处也做好开口。
4. 取出气球。
5. 在面具上贴上"头发"，画上"五官"。
6. 绘制好面具，将其晾干。

小贴士：如果弧形面具对于 8—11 岁的孩子们而言太难操作，可试着制作平面的面具。在此情况下，可忽略第二阶段的步骤 1 和第三阶段的步骤 1—4。

8—9 岁孩子们制作的面具

拓展活动：30~60 分钟

小贴士：此环节活动可视情况延后开展。

镜像游戏

请孩子们简要总结前面所讨论的内容，尽量不要翻看哲学笔记。

让孩子们戴好搭档的面具。孩子们可通过镜像游戏来延续前面的艺术实践，深入探讨自我与他人的关系。每个戴着面具的孩子都是搭档的一面"镜子"。孩子们两人一组，轮流进行简短的介绍：每个孩子介绍自己所戴面具对应的那个人。介绍的内容既可以是外貌方面的，也可以是心理方面的。

介绍示例如下。

- ◆ 我叫××，我有褐色的眼睛和浅色的头发。
- ◆ 我的鼻子很小，我很爱笑。
- ◆ 我不喜欢踢足球，但喜欢在森林里散步。有时候，我会讲一些别人听不懂的笑话。
- ◆ 我想在长大之后成为马术教练。

介绍之后，孩子们可自愿上台说一下搭档介绍得对不对，并加以论述。

镜像游戏结束，也就是在所有孩子都展示和介绍之后，引出核心问题："别人能否让我更好地了解自己？"

就该问题展开讨论。

启发性问题示例：

- ◆ 了解自己，是什么意思？
- ◆ 我们能够了解自己吗？

- ✦ 了解自己有用吗?如果有,那么有什么作用?
- ✦ 别人可以帮助我了解自己吗?
- ✦ 了解自己是一件好事吗?你可以举例说明自己的观点吗?或者你能提供相应的反例吗?
- ✦ 了解自己和理解自己是同一回事吗?
- ✦ 我们可以不了解自己吗?

最后,向孩子们提问:"你们对本次哲学工坊感受如何?"请孩子们依次发言。

第二章

艺术是什么？

本章导览

活动 1　成为艺术家，意味着什么？

活动 2　美还是丑？

活动 3　什么是艺术品？

活动 4　艺术是模仿还是创造？

活动 5　艺术会让我们更自由吗？

活动 6　情绪是什么？

活动 7　我能不能通过艺术表达情绪？

活动 1　成为艺术家，意味着什么？

活动时长

45~60 分钟。

材料准备

第一至三阶段：1 本哲学笔记、1 支蜡烛（在安全规定允许的情况下）或 1 个沙漏，以及若干图片（可从互联网上搜索并下载）。

拓展活动：准备装有不同物品的盒子，包括蒜瓣、花瓣、小树枝、树叶、小石子、玉米粒、干花、彩色回形针、细绳、树皮、果皮、瓶塞、白纸或彩纸（每人 1 张，尽量避免使用死板教条的 A4 大小的纸）、水彩颜料、彩色铅笔和马克笔等。

活动组织

第一至三阶段：孩子们和教师围成一圈，坐在高度相同的椅子上，以便平等地倾听和互动。

拓展活动：孩子们在桌子旁进行艺术实践。

第一阶段　活动开始，准备蜡烛或沙漏（5 分钟）

让孩子们围坐成一圈，宣布开始今日的哲学工坊。

把蜡烛或沙漏放在圆圈中间。

先让孩子们回忆"黄金法则"，然后集体总结前一节课的内容（仅在必要的情况下才可以翻看哲学笔记）。

第二阶段　围绕主题进行讨论（45 分钟）

借助于"苏格拉底"玩偶，向孩子们宣布今日问题："成为艺术家，意味着什么？"，并将其写在黑板上。

让孩子们积极思考，并举手发言，用论据论证自己的观点。

教师自己或者事先指定一个孩子（7—11 岁）作为课堂记录员，在黑板上做笔记，记录讨论的关键点。

孩子们可能给出的答案如下所示。

- 艺术家是画画的人。
- 艺术家是音乐家或歌唱家。
- 艺术家是搞艺术的人。
- 艺术家很散漫。
- 在创造了某样东西的那一刻，人人都是艺术家。
- 做一块比萨和画一幅画完全是两码事。
- 艺术家得有灵感才能创作。
- 艺术家是靠自己的作品谋生的人。
- 很多艺术家在去世的时候都很穷。

请孩子们将今日问题抄写（或者粘贴）在自己的哲学笔记里，并让已经会读写的孩子记下自己的心得。

梳理预设条件。"预设"是指对某个观点（这里指的是今日问题）进行表述时，在论证其合乎逻辑性之前所做的一种事先假设。

注意要始终围绕当日的主题提问，训练孩子们学会识别今日问题中的"预设"及其背后隐藏的核心问题。如果孩子们在讨论过程中没有明确地提炼出今日问题，那么就引导他们思考潜在的问题："艺术是什么？"

为了达到这个目的，教师可以向孩子们展示一些不同的图片，比如：

- 列奥纳多·达·芬奇（Léonard de Vinci）的《蒙娜丽莎》；
- 一幅儿童画作；
- 一本书；
- 埃菲尔铁塔；
- 工地上的一辆大吊车；
- 一棵树；
- 一块比萨；
- 阿尔贝托·贾科梅蒂（Alberto Giacometti）的雕塑作品《行走的人》

（L'homme qui marche）；
+ 一幅胡安·米罗（Joan Miró）的画作，比如《公园里的儿童》（Children in the park）；
+ 皮埃尔·马尔费特（Pierre Malphettes）的装置艺术作品《电灯下的树》（Un arbre en bois sous un soleil électrique）。

请孩子们安静地思考一段时间之后，描述自己看到的画面。然后，请他们说出哪些画面在他们看来能被称为"艺术品"，并且论证自己的观点。

在不断激励孩子们思考的同时，教师应引导并陪伴孩子们完成问题化和概念化的过程，从而让他们能够从概念上区分可以被认为是艺术品的物品和不属于艺术范畴的物品。

不断地让孩子们解释他们的回答，逐渐培养他们的论证能力。

启发性问题示例：

+ 在你看来，所有的作品都是艺术品吗？
+ 你能解释为什么吗？
+ 可不可以举几个例子？

- 你为什么认为做比萨不是搞艺术，而画画是呢？
- "制作"和"创作"是一样的吗？
- 当你画了一幅画，是不是就等于创作了一件艺术作品？
- 你在画素描画、水彩画或者发明某种游戏的时候，感觉自己像一位艺术家吗？
- 是谁决定了某件作品能否成为艺术品呢？
- 艺术家与工匠有什么不同？
- 自然界中的事物，例如树木，可不可以被视为艺术品？
- 艺术家在创作艺术作品的时候，是否有既定的目的？
- 艺术家在创作艺术作品的时候，是想传达一些信息吗？艺术有用吗？

让已经会读写的孩子们在哲学笔记里记下自己的心得。

重新开启讨论，让孩子们依次表达他们对"艺术"这一概念的理解。从孩子们的感想出发，一起梳理出对"艺术"和"艺术家"的定义。

集体定义示例：艺术

艺术是一种人类活动，它需要一定的技术和知识作为支撑，但无须具备实用功能。在这个意义上，艺术与手工艺有所不同，后者是指用于制造某个物品的工艺，具有明确的实用目的。艺术也与没有经过人类智慧改造的自然之物有所区别。此外，艺术还与科学有所不同。科学需要通过实验去检验假说，追求客观的结果。

集体定义范例：艺术家

艺术家是指创作艺术作品的人。

第三阶段　总结（10分钟）

请6—7岁的孩子们围绕今日问题"成为艺术家，意味着什么？"画一幅画；7—11岁的孩子们则可以在他们的哲学笔记里画一画（或者写一写）他们的思考内容，以及由集体讨论引申出的个人问题。

鼓励孩子们自愿在大家面前分享自己的所画或所写。

哲学绘画：艺术家是创作著名画作的人
（9—10岁儿童作）

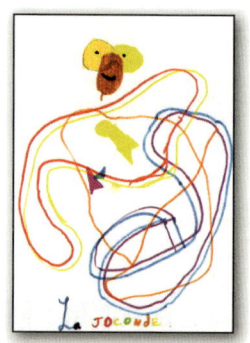

哲学绘画：艺术总能被人理解吗？
（8—9岁儿童作）

口头总结本次活动的核心内容（由孩子们或教师完成）。

最后，向孩子们提问："你们对本次哲学工坊感受如何？"请孩子们依次发言。

拓展活动：30~60分钟

小贴士：此环节活动可视情况延后开展。

一起完成一件艺术作品吧："小艺术家的诞生"

请孩子们简要总结前面所讨论的内容，尽量不要翻看哲学笔记。

请孩子们一起创作一幅集体艺术作品。

由教师或孩子们事先准备一个装有不同物品的盒子，孩子们从中随机抽取一个天然的或人工制作的小物件（参见"材料准备"）。

建议孩子们变身小艺术家，将抽到的物品变成艺术品。

小贴士：本次实践活动的目的是以具体的方式让孩子们理解"艺术品"与"非艺术品"的区别，并挖掘这种区别背后所暗含的相关问题。

先让孩子们根据个人喜好将抽取的物品贴在一张白纸或彩纸上（尽可能避免使用 A4 大小的纸张）。

随后给孩子们提供水彩颜料、彩色铅笔、马克笔等，方便他们就抽取的物品即兴创作。

创作完成之后，将所有作品排开挂在一根细绳上，供大家欣赏！

下面是某个班级中 6—7 岁的孩子们的作品。

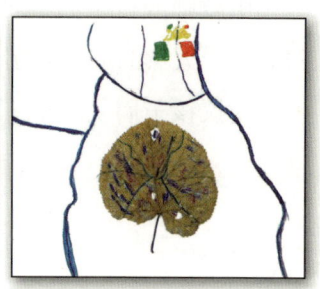

活动 2 美还是丑?

活动时长
45~60 分钟。
材料准备
第一至三阶段：1本哲学笔记、1支蜡烛（在安全规定允许的情况下）或1个沙漏，以及若干图片（可从互联网上搜索并下载）。 拓展活动：纸张（尽量不要使用 A4 大小的纸）、橡皮泥、水彩颜料、彩色铅笔和马克笔、小石子、树叶、小珍珠、报纸、纽扣、布料和细绳等。
活动组织
第一、二阶段：孩子们和教师围成一圈，坐在高度相同的椅子上，以便平等地倾听和互动。 第三阶段和拓展活动：孩子们在桌子旁就座，进行艺术实践活动。

第一阶段 活动开始，准备蜡烛或沙漏（5分钟）

让孩子们围坐成一圈，宣布开始今日的哲学工坊。

把蜡烛或沙漏放在圆圈中间。

先让孩子们回忆"黄金法则",然后集体总结前一节课的内容(仅在必要的情况下才可以翻看哲学笔记)。

第二阶段　主题讨论(45分钟)

借助于"苏格拉底"玩偶,向孩子们宣布今日问题:"美还是丑?",并将其写在黑板上。

随后展示一些图片,示例如下:

- 玫瑰(被认为是美丽的自然物);
- 三斗柜(比较中性的工艺品);
- 长毛蜘蛛(被认为是丑陋的自然物);
- 毛绒小狗(让人感到美好的人工制品);
- 弗朗西斯科·德·戈雅(Francisco de Goya)的名画《老妇人》(Le Temps ou Les Vieilles)(以"丑陋"为主题的艺术品);
- 桑德罗·博蒂切利(Sandro Botticelli)的名画《维纳斯的诞生》(La Naissance de Vénus)(以"美好"为主题的艺术品)。

让孩子们描述这些图片的内容。

针对这些图片,提出问题:"在你们看来,这些事物是美的还是丑的?"

让孩子们积极思考,并举手回答,用论据论证自己的观点。

教师自己或者事先指定一个孩子(7—11岁)作为课堂记录员,在黑板上做笔记,记录讨论的关键点。

孩子们可能给出的答案如下所示。

- 因为看上去很温柔,所以它很美。

- 因为它让我感到愉悦,所以它很美。
- 我不知道。
- 我觉得它很丑,因为它让我感到恐惧。
- 有些人认为它是美的,但也有些人认为它十分丑陋,众口难调!
- 美的东西,任何人看了都觉得美。

请孩子们将今日问题抄写(或者粘贴)在自己的哲学笔记里,并让已经会读写的孩子记下自己的心得。

启发性问题示例:

- 某些人认为是美(或丑)的事物,对于别人而言也一定是美(或丑)的吗?
- 美的标准在不同的文化里是一样的吗?在不同的时代呢?
- 有没有什么东西是所有人都认为美(或丑)的?你们能说说为什么吗?
- 能不能找到一种放之四海而皆准的理由来证明某个事物是美的(或丑的)?
- 艺术品必须是美的吗?
- 艺术品必须表现美吗?
- 是否有可能存在一件美丽的艺术品是用于描绘丑陋的事物的?
- 是什么让一件艺术品美或丑呢?
- 美的艺术品(如绘画、音乐、雕塑等),会让我们产生诸如恐惧之类的负面情绪吗?

在不断激励孩子们思考的同时,教师应引导并陪伴孩子们完成问题化和概念化的过程,从而让他们梳理出关键信息,深入挖掘艺术中的美以及美的客观性和主观性。同时,教师要一如既往地鼓励孩子们通过举例证明自己的观点,培养他们的论证能力。

第三阶段　总结（10 分钟）

请 6—7 岁的孩子们围绕今日问题"美还是丑？"画一幅画；7—11 岁的孩子们则可以在他们的哲学笔记里画一画（或者写一写）他们的思考内容，以及由集体讨论引申出的个人问题。

鼓励孩子们自愿在大家面前分享自己的所画或所写。

口头总结本次活动的核心内容（由孩子们或教师完成）。

最后，向孩子们提问："你们对本次哲学工坊感受如何？"请孩子们依次发言。

拓展活动：30~60 分钟

小贴士：此环节活动可视情况延后开展。

"丑之美"：读哲学格言，创作艺术作品

请孩子们简要总结前面所讨论的内容，尽量不要翻看哲学笔记。

向孩子们宣读以下两句哲学格言，拓展大家关于美与丑的讨论。

> 艺术是以美的方式呈现事物，而不是呈现美的事物。[①]
> ——伊曼努尔·康德（Emmanuel Kant）
> 人们乐于欣赏那些精准再现了现实中令我们难以直视的事物的形象，比如那些遭人轻视的动物的形态或者尸体。[②]
> ——亚里士多德

小贴士：本次拓展活动的目的是让孩子们探索艺术中的"丑"，并由

[①] 出自 1790 年的《判断力批判》（*Critique de la faculté de juger*）一书。
[②] 出自公元前 4 世纪的《诗学》（*Poétique*）一书。

此引申出对艺术品的定义,即艺术品不一定旨在再现美好的事物,而是将其作为一种成果来进行研究。

事先准备好两个套在手指上的玩偶,以有趣的方式向孩子们介绍这两位哲学家。

将这两句格言写在黑板上,并让孩子们大声朗读出来。

确保孩子们能准确理解格言中的每个词语。有必要的话,可以换个更简单的说法。对于8—10岁的孩子们而言,如果第二句格言的理解难度太大,那么可仅引用第一句格言。如果"形象"这个词语让孩子们理解起来有困难,那么可以用"图像"代替。随后,让孩子们给出他们的理解。

从这两句(或者其中一句)格言出发,让孩子们以一件大家普遍认为丑陋的事物为主题创作一件艺术品。他们可以自由地选择创作方式和材料(参见"材料准备")。

之后,举行一次小展览,将孩子们的作品聚集在一起展出,展览名为"丑之美"。

最后,向孩子们提问:"你们对本次哲学工坊感受如何?"请孩子们依次发言。

哲学绘画:丑之美[1](7—8岁儿童作)

---

[1] 图中标题的意思是"丑之美",其他文字意思为"当我觉得丑时,我把美变成了丑;当我觉得美时,我把丑变成了美"。——译者注

活动 3　什么是艺术品？

活动时长
45~60 分钟。

材料准备
第一、三阶段：1本哲学笔记、1支蜡烛（在安全规定允许的情况下）或1个沙漏。 第二阶段：孩子们每人准备1个无盖鞋盒，以及一些能够营造日式禅意花园氛围的物品；1袋浅色沙子或者碎石；一两组石头，每组3块石头（在每组中，有一块石头比其他的要大）；小树枝（最好是松枝）；1把小号钉耙（可用小木棍制作）。

活动组织
第一、三阶段和拓展活动：孩子们和教师围成一圈，坐在高度相同的椅子上，以便平等地倾听和互动。 第二阶段：孩子们在桌子旁就座，进行艺术实践活动，创作"枯山水"花园景观。

第一阶段　活动开始，准备蜡烛或沙漏（5分钟）

借助于"苏格拉底"玩偶，告知孩子们本次哲学工坊中他们要创作微型"枯山水"花园景观。

放置好蜡烛或沙漏。

先让孩子们回忆"黄金法则"，然后集体总结前一节课的内容（仅在必要的情况下才可以翻看哲学笔记）。

第二阶段　创作"枯山水"花园景观（45分钟）

小贴士：本次活动不以评价孩子们的艺术创作能力为目的，而是根据"整全法"引导孩子们对"什么是艺术品？"进行质疑和探索。

把桌子像海上的小岛一般散放在教室中，每个孩子带着各自的材料使用一张桌子。

引导孩子们完成以下步骤。

1. 在鞋盒里装入沙子或碎石，装至距离鞋盒口 2~3 厘米处。
2. 摆放石头。这一步骤中，应要求孩子们安静且专注，以便实现精神和动作的和谐统一。
3. 将石头 3 块为 1 组地摆放在鞋盒里。孩子们可以自由选择在哪里摆放石头，但须遵守以下限制：将 2 块石头竖着摆放，而且其中一块石头须大于另一块石头；第三块石头则应横着摆放（在日本，石头上往往还覆盖着青苔）。
4. 随后加入小树枝，以代表灌木丛。让孩子们根据自己的意愿和灵感随意放置小树枝。
5. "枯山水"花园景观完成之后，让孩子们用钉耙在沙子上顺着同一方向耙几次，并向他们解释沙子上的线条象征着水的波纹，而"水"正是此类干燥的园林中所缺少的元素。孩子们在石头的周围耙出圆形的"水波纹"，以模仿掉入水中的物体所制造的涟漪效果。

"枯山水"花园景观（6—8 岁儿童作）

将孩子们创作的"枯山水"花园景观摆放在教室的角落里几日，随后他们可以将自己的作品带回家。

第三阶段　总结（10 分钟）

口头总结本次活动的核心内容（由孩子们或教师完成）。

最后，向孩子们提问："你们对本次哲学工坊感受如何？"请孩子们依次发言。

拓展活动：30~60 分钟

小贴士：此环节活动可视情况延后开展。

请孩子们简要总结前面所讨论的内容，尽量不要翻看哲学笔记。

根据孩子们的年龄和积极性，从以下三项活动中选择一项。

根据孩子们提出的哲学问题展开讨论

根据创作"枯山水"花园景观的经历并结合前面两节工坊活动中有关艺术的思考，请孩子们谈谈哪些内容让他们感到惊奇并提出他们的哲学问题。

孩子们可能感到惊奇的地方：

- 怎样在沙子上表现水？
- 既然没有办法种花，为什么还称其为"花园"？
- 用鞋盒装一个花园也太奇怪啦！

从孩子们感到惊奇的地方出发，帮助他们学会表达哲学问题。比如，根据上面第一条，我们可以问："'表现'到底是什么意思？"为了引导孩子们思考，教师可以参考第一部分中"如何识别哲学问题？"一节所给出的提示。

教师自己或者指定一个孩子在黑板上记下问题，一起确认这些问题是否为哲学问题。如果不是，就一起思考如何将其转变为哲学问题，然后让孩子们闭着眼睛投票选出一个问题，并围绕这个问题展开哲学探讨。

根据教师提出的哲学问题展开讨论

教师提问：

◆ 大家制作的"枯山水"花园景观都是用自然界中的物品搭建的，它可以被视为一件艺术品吗？那么，真的"枯山水"花园景观呢？

◆ 换言之，这种园林艺术可以被视为一种艺术形式吗？

根据以下问题展开讨论（9—11 岁儿童适用）

在日本的文化传统中，"枯山水"花园景观是为了引导人们冥想与沉思。在你看来，"美"与"内在的平静"之间有联系吗？"美"与"智慧"之间呢？

活动 4 艺术是模仿还是创造？

活动时长
45~60 分钟。
材料准备
第一、三阶段：1本哲学笔记、1支蜡烛（在安全规定允许的情况下）或1个沙漏，以及若干图片（可从互联网上搜索并下载）。 第二阶段：大张白纸或彩纸（尽量不要使用 A4 大小的纸）、彩色铅笔、水彩颜料和马克笔、小石子、树叶、橡皮泥、胶水、小珍珠、报纸、纽扣、布料、细绳和1束鲜花（在第二阶段的第二步之前由教师藏好）。
活动组织
第一、三、四阶段：孩子们和教师围成一圈，坐在高度相同的椅子上，以便平等地倾听和互动。 第二阶段：孩子们在桌子旁就座，进行艺术实践活动。

第一阶段　活动开始，准备蜡烛或沙漏（5分钟）

告知孩子们，本次哲学工坊将由接下来的艺术实践活动开启。

放置好蜡烛或沙漏。

先让孩子们回忆"黄金法则"，然后集体总结前一节课的内容（仅在必要的情况下才可以翻看哲学笔记）。

第二阶段　创作静物（30分钟）

借助于"苏格拉底"玩偶，向孩子们宣布今日问题："艺术是模仿还是创造？"，并将其写在黑板上。

第一步　制作花束（15分钟）

请孩子们制作一束花。"材料准备"里的所有物品都可以供他们使用。孩子们可以自由选择他们想要的制作方法（画素描画、水彩画，拼贴和泥塑等）。

第二步　仿制花束（15分钟）

向孩子们展示1束真正的鲜花（到此步骤才拿出），并将其悬挂在黑板上以便所有人都可以看清楚。

让孩子们仿照教师的做法制作这束鲜花，并为他们提供之前在制作花束时用到的所有材料。孩子们依然可以自由选择自己喜欢的制作方法（画素描画、水彩画，拼贴和泥塑等）。

小贴士：本次活动不以评价孩子们的艺术创作能力为目的，而是根据"整全法"引导孩子们就艺术的原创性与模仿性的区别进行质疑和探索。

第三阶段　主题讨论（25分钟）

借助于"苏格拉底"玩偶，向孩子们宣布今日问题："艺术是模仿还是创造？"，并继续提问："通过刚才完成的两个艺术实践活动，谁有了初步的想法？"

请孩子们积极思考，并举手发言，用论据论证自己的观点。

教师自己或者事先指定一个孩子（7—11岁）作为课堂记录员，在黑板上做笔记，记录讨论的关键点。

孩子们可能给出的答案如下所示。

- 我在制作花束的时候感觉更自由。
- 我更喜欢仿照别人的做法制作花束，因为我自己真的没有什么想法。
- 只有在制作自己想做的东西的时候，我才感觉自己像艺术家。
- 艺术家会极其细致地描绘世界，比如风景画，而这些作品会被认为是艺术品。
- 我们可以从眼前看到的事物出发，然后通过想象，添加或者删减一些东西。
- 我们的想象力可以改变现实。
- 在艺术中，两者都有：你可以模仿，也可以用你的想象力创造一些东西。

请孩子们将今日问题抄写（或者粘贴）在自己的哲学笔记里，并让已经会读写的孩子记下自己的心得。

让孩子们提供论据、正例或者反例来论证他们的观点。

启发性问题示例：

- 你们更喜欢哪种活动：仿制花束还是自己设计并制作花束？
- 可以说说为什么吗？
- 你们能找出这两项活动的不同之处吗？如果有，是哪些不同呢？
- 你们在两项活动中都选择了同样的制作方法吗？
- 为什么？
- 你们认为艺术家是在模仿已有的事物还是创造一些新的东西？
- 可以举例说明吗？
- 你们认为在一件艺术品中可以既有创造又有模仿的部分吗？
- 想象力在模仿中发挥了作用吗？在创造中呢？

让已经会读写的孩子在哲学笔记里记下自己的心得。

从孩子们的感悟出发,拟出一个集体结论。这个结论无须是最终的,可以是暂时性的、开放式的,也就是说,可供孩子们之后继续讨论。

 集体暂得结论示例

在艺术实践中,模仿和创造是息息相关的。当艺术家创作艺术作品的时候,一方面,他模仿着周边的事物,将世界的点滴与前人已有的艺术经验结合在一起;另一方面,在结合的同时,他借由想象力的帮助,创造出全新的作品,无论是在绘画、音乐还是写作领域,都是如此。

根据孩子们的年龄和积极性,可以考虑提及夏尔·波德莱尔(Charles Baudelaire),他曾说过"大自然不过是一本字典"[1],艺术家可以在其中随意汲取基础质料去构思自己的作品。

口头总结本次活动的核心内容(由孩子们或教师完成)。

第四阶段　总结(10分钟)

请6—7岁的孩子们围绕今日问题"艺术是模仿还是创造?"画一幅画;7—11岁的孩子们则可以在他们的哲学笔记里画一画(或者写一写)他们的思考内容,以及由集体讨论引申出的个人问题。

鼓励孩子们自愿在大家面前分享自己的所画或所写。

口头总结本次活动的核心内容(由孩子们或教师完成)。

最后,向孩子们提问:"你们对本次哲学工坊感受如何?"请孩子们依次发言。

---

[1] 摘自1859年的《沙龙》(*Salon*)一书。

拓展活动：30~60分钟

小贴士：此环节活动可视情况延后开展。

读格言，谈哲学

请孩子们简要总结前面所讨论的内容，尽量不要翻看哲学笔记。

向孩子们宣读以下两句哲学格言，拓展大家关于艺术中"模仿"与"创造"的讨论。

> （绘画）究竟是对事物表象的模仿，还是对事物实在的模仿？——表象。[①]
>
> ——柏拉图
>
> 仅靠单纯的模仿，艺术便不能与自然抗衡。此时，它就像一只小虫爬行着试图模仿大象。[②]
>
> ——黑格尔（Hegel）

将这两句格言写在黑板上，并让孩子们大声朗读出来。事先准备好两个套在手指上的玩偶，以有趣的方式向孩子们介绍这两位哲学家。

确保孩子们能准确地理解格言中的每个词语。随后，让孩子们进行解释。

小贴士：从这两句格言出发，教师引导孩子们探讨关于艺术的两种思考。
> 第一种思考源自柏拉图主义，它把艺术看作对自然（表象）的模仿，而自然本身是对现实（理念）的表现，所以艺术是对理念的"模仿的

[①] 出自公元前5世纪的《理想国》（*La République*）一书。
[②] 出自1835年的《美学》（*Esthétique*）一书。

模仿",要"低于"理念(真、善、美等)。
> 第二种思考根植于黑格尔美学,它批判了将艺术视为对现实的模仿的理念,在其看来,艺术的本质是"理念的感性显现"。虽然黑格尔没有否认艺术创作中的模仿原则,但是他强调自由创作的作用,他认为如果创作不自由,艺术家将无法充分地将内心的理念转化为具体的艺术形象,艺术就难以完整地呈现其本质,精神性也会大打折扣。

最理想的情况是,将以上两句格言和孩子们刚刚完成的艺术实践活动联系起来。

活动 5　艺术会让我们更自由吗?

活动时长
45~60 分钟。
材料准备
第一至三阶段:1本哲学笔记、1支蜡烛(在安全规定允许的情况下)或1个沙漏。
活动组织
第一、二阶段和拓展活动:孩子们和教师围成一圈,坐在高度相同的椅子上,以便平等地倾听和互动。 第三阶段:孩子们在桌子旁就座,进行画画或写作。

第一阶段　活动开始,准备蜡烛或沙漏(5分钟)

让孩子们围坐成一圈,宣布开始今日的哲学工坊。
放置好蜡烛或沙漏。

先让孩子们回忆"黄金法则",然后集体总结前一节课的内容(仅在必要的情况下才可以翻看哲学笔记)。

第二阶段　读中国寓言故事,展开讨论

借助于"苏格拉底"玩偶,向孩子们宣布今日问题:"艺术会让我们更自由吗?",并将其写在黑板上。

紧接着,开始讲述摘自米歇尔·皮格马尔(Michel Piquemal)的《哲学寓言》(*Les Philo-fables*,2003)一书中的一则中国寓言故事。

小贴士:尽量不要照本宣科,而应面向孩子们讲述故事,并且采用契合孩子们年龄特征的语言表达方式,这样可以更好地吸引他们的注意力。

画家和老鼠

一天,在皇宫中,一位画家顶撞了一位贵族。为了惩罚画家,皇帝决定对他施以酷刑,用绳子拴住他的两根大脚趾,把他倒吊起来,直到吊死。画家恳请皇上大发慈悲,满足他最后的心愿:只吊一根脚趾。考虑到只拴住一根脚趾倒吊只会让整个过程更加痛苦,皇帝便允许了他的请求。宫廷里的官员都散去了,他们不忍目睹这极其漫长和痛苦的行刑过程。

画家被独自吊着,头朝下,双手被绑着。但他成功地用没被拴住的那只脚的脚趾够到地面,然后用趾尖在地面的沙子上画起了老鼠。他极其专注地画了一只又一只,那些老鼠栩栩如生,像是活过来了。它们顺着他的大腿爬到绳索上,然后一点点地啃断了绳索。脱身的画家摸了摸老鼠们的胡须,悄悄地溜出宫,奔向自由。

转述时,请采用契合孩子们年龄特征的语言表达方式,确保每个孩子都能理解每个词语的含义以及故事大意。

随后,让孩子们口头总结故事内容,并重新提出今日问题:"听了刚才的寓言故事,你们现在要如何回答'艺术会让我们更自由吗?'这个问

题呢？"

请孩子们积极思考，并举手发言，用论据论证自己的观点。

教师自己或者事先指定一个孩子（7—11岁）作为课堂记录员，在黑板上做笔记，记录讨论的关键点。

孩子们可能给出的答案如下所示。

- 艺术的确让人自由了，画家是靠着画画逃生的。
- 是的，因为我们可以用想象力创造我们想要的东西。
- 事实上，画家的老鼠是不存在的，画它们没有任何意义。
- 多亏了艺术，画家才脱离了险境，这是因为他画得太好了。
- 是的，比如当我们愤怒或生气的时候，艺术可以解放我们，让我们有更好的心情。
- 不会，因为有时候我们反而会被艺术困住，比如那些无法停止创作的画家、作家或音乐家等。

请孩子们将今日问题抄写（或者粘贴）在自己的哲学笔记里，并让已经会读写的孩子记下自己的心得。

让孩子们提供论据、正例或者反例来论证他们的观点。

启发性问题示例：

- 在我们刚才讲述的故事里，艺术家是否通过画老鼠重获了自由？
- 你们认为什么是"自由"？
- 能不能举例说明在什么情境中你会感到自由？
- 我们可以随心所欲吗？
- 个人的自由有限制吗？
- 你们是否同意这个观点，即艺术（比如画画、听音乐、作曲、写作和跳舞等）能让我们更自由？
- 艺术和自由之间有联系吗？你们可以说说为什么吗？
- 你们可以举几个例子吗？
- 当我们欣赏一幅画作、听音乐或者跳舞的时候，会感到更加自由吗？

第三阶段　总结（15 分钟）

请 6—7 岁的孩子们围绕今日问题"艺术会让我们更自由吗？"画一幅画；7—11 岁的孩子们则可以在他们的哲学笔记里画一画（或者写一写）他们的思考内容，以及由集体讨论引申出的个人问题。

鼓励孩子们自愿在大家面前分享自己的所画或所写。

口头总结本次活动的核心内容（由孩子们或教师完成）。

最后，向孩子们提问："你们对本次哲学工坊感受如何？"请孩子们依次发言。

拓展活动：30~60 分钟

小贴士：此环节活动可视情况延后开展。

读儿童绘本，探讨艺术和政治权利的关系（8—11 岁儿童适用）

请孩子们简要总结前面所讨论的内容，尽量不要翻看哲学笔记。

和孩子们一起阅读蒂埃里·德迪厄（Thierry Dedieu）的绘本《阿塔特吕克一世》(*Attatruc 1er*)，拓展大家关于"艺术"的讨论。

阿塔特吕克一世

阿塔特吕克一世是一位丑陋且令人憎恶的国王。他想成为艺术家，可惜他毫无天分还狂妄自大。他只能靠自己手中的权力达到目的。他开始搜刮国内所有的艺术品，接着又打算对这些艺术品下手，试图通过篡改艺术大师的作品重写艺术史。但是他还是不满足，他甚至监禁了国内所有的画家，还在大画家康定斯基那里订制了一幅歌颂自己光辉形象的画作。康定斯基不得不屈服，但他在画作中注入了讽刺。国王最终变得癫狂，结束了自己的生命。

德迪厄用犀利且精妙的笔调谴责暴君行径，通过国王的悲惨故事，向我们呈现了一场通过艺术争取自由表达的斗争。

为孩子们朗读该绘本故事。

让孩子们口头总结故事内容，提出问题，并就所听到的内容谈谈自己的想法。

小贴士：绘本的使用主要是为了辅助孩子们讨论问题"艺术会让我们更自由吗？"，呼应前面的中国寓言故事，探讨"艺术"这一概念与"政治权利""自由"等概念之间的关系。

最后，向孩子们提问："你们对本次哲学工坊感受如何？"请孩子们依次发言。

活动 6　情绪是什么？

活动时长
45~60 分钟。
材料准备
第一至三阶段：1本哲学笔记、1支蜡烛（在安全规定允许的情况下）或1个沙漏。 拓展活动：1张大画布（或大白纸）、颜料和画笔，孩子们人手一条围裙。
活动组织
第一至三阶段：孩子们和教师围成一圈，坐在高度相同的椅子上，以便平等地倾听和互动。 拓展活动：孩子们围成一个圈站在教室中间（或者其他合适的地点），完成艺术实践活动"音乐绘画"。

第一阶段　活动开始，准备蜡烛或沙漏（5分钟）

让孩子们围坐成一圈，宣布开始今日的哲学工坊。

放置好蜡烛或沙漏。

先让孩子们回忆"黄金法则"，然后集体总结前一节课的内容（仅在必要的情况下才可以翻看哲学笔记）。

第二阶段　主题讨论（40分钟）

借助于"苏格拉底"玩偶，向孩子们宣布今日问题："情绪是什么？"，并将其写在黑板上。

探讨什么是"情绪"，意在探究其与艺术之间的联系，这种联系是双向的：一方面，艺术可以是促使某种情绪生发的因素；另一方面，情绪也可以成为艺术家创作的灵感。

请孩子们积极思考，并举手发言，用论据论证自己的观点。

教师自己或者事先指定一个孩子（7—11岁）作为课堂记录员，在黑板上做笔记，记录讨论的关键点。

孩子们可能给出的答案如下所示。

- ✦ 情绪就是人感到开心或者难过。
- ✦ 情绪是有点类似感情的东西。
- ✦ 人们在看到一幅悲伤的画作，或者听到悲伤的音乐时，会感到忧伤。
- ✦ 人们有时候控制不住自己的情绪。
- ✦ 情绪是收到生日礼物时，我们感到特别惊喜！

启发性问题示例：

- ✦ 你们能不能举几个有关情绪的例子？
- ✦ 认识自己的情绪很容易吗？你们能说说为什么吗？
- ✦ 表达情绪是一件容易的事情吗？控制情绪呢？你们认为是为什么呢？

- 可以举几个例子吗？
- 情绪和感情是不同的吗？那么情绪和感觉呢？
- 是不是所有人在面对同样的事件时都会产生相同的情绪？
- 什么可以唤起我们的情绪？
- 动物有情绪吗？你们可以举出正例或者反例吗？

请孩子们将今日问题抄写（或者粘贴）在自己的哲学笔记里，并让已经会读写的孩子记下自己的心得。

在不断激励孩子们思考的同时，教师应引导并陪伴孩子们完成问题化和概念化的过程，让他们能够区分"情绪""感情"和"感觉"的概念，以及学会辨别不同的情绪。教师要一如既往地鼓励孩子们通过举例证明自己的观点，培养他们的论证能力。

集体定义示例：情绪

情绪是针对一种情境所产生的身体或者心理的反应。我们可以举出以下关于"情绪"的例子：快乐、悲伤、恐惧、惊喜和愤怒等。情绪不同于感情，后者往往"更难感知，更加深刻和持久"；情绪也不同于感觉，感觉与感官相关，比如触觉、视觉等。

让孩子们将定义抄写（或者粘贴）在自己的哲学笔记里。

第三阶段 总结（5分钟）

口头总结本次活动的核心内容（由孩子们或教师完成）。

拓展活动：20~45 分钟

小贴士：此环节活动可视情况延后开展。

完成"音乐绘画"

小贴士：本次艺术实践活动的目的是让孩子们完成一个集体作品，并且能在其中用肢体和感官去探索他们的情绪与艺术实践活动之间的联系。在本次实践活动中，他们将聆听音乐、跳舞和画画。"音乐绘画"不仅是对本次哲学工坊所讨论的主题的延伸，而且与下一节课所要探讨的问题（即"我能不能通过艺术表达情绪？"）有关。

所有的孩子围成一圈，穿好围裙。在圆圈中间放一张大画布（或大白纸），旁边放着颜料和各种尺寸的画笔。

如果课堂上有人会弹奏乐器，那么这项活动可以配上现场音乐进行；如果没有，则可以播放音乐。

请一个孩子走到圆圈中间。

音乐响起，除了圆圈中间的那个孩子，其余的孩子将随着乐声起舞。圆圈中间的孩子将根据感受开始画画。几秒钟之后，音乐停止，孩子们停止跳舞。圆圈中间的孩子也停止画画。他回到自己原先的位置上，将画笔传给下一个孩子。当乐声再次响起的时候，圆圈中间的孩子继续画画（可用同样的笔，也可以选择其他尺寸的画笔）。然后，音乐再次停止，如此循环往复，直到每个孩子都画过一次。

让孩子们为他们的集体作品起一个名字，然后将作品放置在教室的一角，作为记录留存。

最后，向孩子们提问："你们对本次哲学工坊感受如何？"请孩子们依次发言。

活动 1　我能不能通过艺术表达情绪？

活动时长
45~60 分钟。
材料准备
第一至四阶段：1 本哲学笔记、1 支蜡烛（在安全规定允许的情况下）或 1 个沙漏。 拓展活动：情绪收纳盒、画笔、小纸片、小球。
活动组织
第一、二、四阶段：孩子们和教师围成一圈，坐在高度相同的椅子上，以便平等地倾听和互动。 第三阶段：孩子们在地上围坐（或者站）成一圈进行哑剧表演。 拓展活动：孩子们站成一圈，完成肢体游戏"情绪传声筒"。

第一阶段　活动开始，准备蜡烛或沙漏（5 分钟）

让孩子们围坐成一圈，宣布开始今日的哲学工坊。

放置好蜡烛或沙漏。

先让孩子们回忆"黄金法则"，然后集体总结前一节课的内容（仅在必要的情况下才可以翻看哲学笔记）。

第二阶段　围绕主题进行讨论（30 分钟）

借助于"苏格拉底"玩偶，向孩子们宣布今日问题："我能不能通过艺术表达情绪？"，并将其写在黑板上。

向孩子们展示以下图片，如德国雕塑家弗朗斯·克萨韦尔·梅塞施密特（Franz Xaver Messerschmidt，1736—1783）创作的雕塑作品，这些作品因富有表现力而被命名为《个性头像》（Têtes de caractère）。

 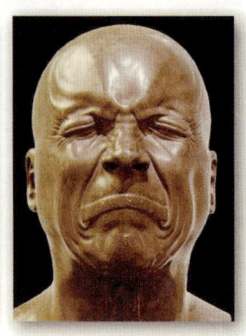  

请孩子们从这些雕像出发进行思考并加以描述,根据每一个雕像询问孩子们:"在你们看来,这个表情表现了怎样的情绪?"

请孩子们积极思考,并举手发言,用论据论证自己的观点。

教师自己或者事先指定一个孩子(7—11岁)作为课堂记录员,在黑板上做笔记,记录讨论的关键点。

孩子们可能给出的答案如下所示。

◆ 这个是愤怒,因为当人们生气的时候,经常会张大嘴大喊大叫。

◆ 这个可能是恐惧。

◆ 这个让人感到恐惧,但是表情本身表达的不一定是恐惧。

◆ 恶心!

◆ 如果不直接说出来,很难知道他是什么情绪。

◆ 快乐!

◆ 惊讶!

启发性问题示例:

◆ 为什么你们觉得这个是……?

◆ 理解艺术品所表达的情绪容易吗?那么理解人的情绪呢?

◆ 你们可以解释一下为什么吗?

◆ 你们可以举一些例子吗?

请孩子们将今日问题抄写（或者粘贴）在自己的哲学笔记里，并让已经会读写的孩子记下自己的心得。

在不断激励孩子们思考的同时，教师应引导并陪伴孩子们完成问题化和概念化的过程，从而让他们能够区分"情绪""感情"和"感觉"的概念，以及学会辨别不同的情绪。教师要一如既往地鼓励孩子们通过举例证明自己的观点，培养他们的论证能力。

第三阶段　进行哑剧表演，深化主题探讨（15分钟）

将孩子们按四五人一组分成几个小组。

向孩子们解释各小组将按照顺序玩游戏，暂时旁观的小组儿童将以玩游戏的小组为中心围坐成一圈。玩游戏的小组出一人（自愿或者抽签决定）表演随机抽取的一种情绪。小组其他成员须完全模仿他的表演。应提醒孩子们，在表演中注意以下两点。

- 面部：重视眼神及面部特征的塑造。
- 身体：动作，重视姿态和动作的流畅性。

进行哑剧表演的孩子们还需注意第三点：
- 声音：音调、音量和音色。

当正在模仿的孩子们认为自己已经完全再现了队友传达的情绪时，让最初表演的孩子报出一个动物的名称。同组的其他孩子需要在那一刻保持之前的姿态和表情，一起念出动物的名称，并使用与之前一样的声调。通常，所模仿的情绪和动物名称之间形成的鲜明对比，会让孩子们感到惊奇和好笑。

每组轮流表演。

小贴士：这个游戏旨在启发孩子们用寓教于乐的活泼方式，通过自我表达和感受，理解不同的情绪。

第四阶段　总结（10分钟）

请6—7岁的孩子们围绕今日问题"我能不能通过艺术表达情绪？"画一幅画；7—11岁的孩子们则可以在他们的哲学笔记里画一画（或者写一写）他们的思考内容，以及由集体讨论引申出的个人问题。

鼓励孩子们自愿在大家面前分享自己的所画或所写。

口头总结本次活动的核心内容（由孩子们或教师完成）。

最后，向孩子们提问："你们对本次哲学工坊感受如何？"请孩子们依次发言。

拓展活动：30~60分钟

小贴士：此环节活动可视情况延后开展。

"情绪传声筒"：情绪接龙游戏

请孩子们简要总结前面所讨论的内容，尽量不要翻看哲学笔记。

推荐孩子们玩一个艺术游戏，拓展大家关于"情绪"的讨论。

事先准备好一个"情绪收纳盒"（可使用旧鞋盒），孩子们一起用画笔装饰情绪收纳盒，并在情绪收纳盒里放上各种小纸片，小纸片上写着不同的情绪、感情（如爱、恨）或者思想状态（如幸福、无聊）。

让所有孩子站成一圈，其中一个孩子从情绪收纳盒中抽取一张小纸片，不要说出内容，借由一个小道具（比如一个小球）象征性地将抽到的情绪传给旁边的孩子。实际游戏时，传球的孩子应借助于这个小球模仿一个情绪，并默默地将小球传给下一个孩子。注意不要将球掉到地上。下一个孩子接住传来的情绪，但不要模仿上一个孩子的表演，而是用肢体做出回应，以此类推。随着情绪在不同的人之间流转，它将被一点点改变。最后，第一个表演的孩子被要求用更加夸张的方式表现轮转一圈后的情绪，而非模仿最初的情绪。

当所有孩子都抽取过初始情绪后,游戏结束(如果小组人数过多,也可以提前结束)。

最后,向孩子们提问:"你们对本次哲学工坊感受如何?"请孩子们依次发言。

第三章

自由是什么？

本章导览

活动1　自由，意味着什么？

活动2　权利还是义务？

活动3　自由，还是不自由？

活动4　我们能够兼顾自由和工作吗？

活动5　如果可以隐身，你会做什么？

活动6　好还是坏？

活动7　暴力意味着更自由吗？

活动1　自由，意味着什么？

活动时长
45~60分钟。

材料准备
第一、三、四阶段：1本哲学笔记、1支蜡烛（在安全规定允许的情况下）或1个沙漏。
第二阶段：铅笔、彩色铅笔、水彩颜料、马克笔、不同形状和尺寸的白纸或彩纸（包含A4大小的白纸）和胶带。
拓展阶段：五六个大盒子（每组1个），盒子里装有小木棍或者金属棍（有弯的、有直的）、胶水、订书机、剪刀、胶带、白线和彩线、树叶、花、铁丝网、短绳、布头、瓶塞、小塑料瓶、鹅卵石、贝壳和纸张等。

活动组织
第一、三、四阶段和拓展活动：孩子们和教师围成一圈，坐在高度相同的椅子上，以便平等地倾听和互动。
第二阶段：孩子们在桌子旁就座，进行绘画类艺术实践活动。

第一阶段　活动开始，准备蜡烛或沙漏（5分钟）

让孩子们围坐成一圈，宣布开始今日的哲学工坊。
把蜡烛或沙漏放在圆圈中间。
先让孩子们回忆"黄金法则"，然后集体总结前一节课的内容（仅在必要的情况下才可以翻看哲学笔记）。

第二阶段　半命题绘画（15分钟）

小贴士：本次活动不以评价孩子们的艺术创作能力为目的，而是根据"整全法"引导孩子们对"自由"的概念进行质疑和探索。

借助于"苏格拉底"玩偶,向孩子们宣布今日问题:"自由,意味着什么?",并将其写在黑板上。

紧接着,请孩子们通过绘画活动体验三种不同的自由。

活动一:依照具体的指令绘画(5分钟)

让孩子们根据指令在一张A4大小的白纸上画一个具象物(比如房屋、儿童或树),并且指定绘画工具(铅笔、彩色铅笔、水彩颜料及马克笔等)。

活动二:可选择式绘画(5分钟)

让孩子们自由选择想画的事物(具体的或者抽象的)和绘画工具(铅笔、彩色铅笔、水彩颜料及马克笔等),并使用自己喜欢的纸张(颜色、尺寸和形状)。

活动三:规定动作式绘画(5分钟)

孩子们可自由选择想画的事物(具体的或者抽象的)和绘画工具(铅笔、彩色铅笔、水彩颜料及马克笔等),也可以自由选择纸张(颜色、尺寸和形状)。限制条件是,绘画时必须将画纸粘在桌子底部,使他们无法看到,以至于很难控制线条(可以使用胶带将纸张粘住)。

第三阶段 主题讨论(30分钟)

借助于"苏格拉底"玩偶,向孩子们宣布今日问题:"自由,意味着什么?",并继续提问:"联系刚才的艺术实践活动,谁可以说说自己的心得?"随后将主题写在黑板上。

请孩子们积极思考,并举手发言,用论据论证自己的观点。

教师自己或者事先指定一个孩子(7—11岁)作为课堂记录员,在黑板上做笔记,记录讨论的关键点。

孩子们可能给出的答案如下所示。

- ✦ 当我不能边看边画的时候,我感到不那么自由。
- ✦ 自由,就是我想画什么就画什么。
- ✦ 我们永远都不会自由,因为不管怎么样,我们都没办法无止境地画下去。

- 我们能做决定的时候是自由的。
- 我们永远不能想干什么就干什么,不然我们会被关到禁闭室里。
- 我们可以做我们想做的事,但是要遵守法律规定。
- 当没人烦我的时候,我是自由的。
- 自由就是被关到禁闭室的反面。
- 就算在笼子里,我们有时候也能感到自由。
- 我们会在受困的时候感到自由,也会在身处自由之境的时候感到处处受限。
- 艺术家可以通过艺术做他们想做的任何事情。
- 想象让我们自由。

启发性问题示例:

- 以上三项活动,你们更喜欢哪个?为什么?
- 你们找出以上三项活动的不同之处了吗?是什么呢?
- 你们在哪项活动中感到更加自由?为什么?
- 如果我们不能做自己想做的事情,那么我们还是自由的吗?你们可以举几个例子吗?
- 我们能想做什么就做什么吗?
- 追求自由的时候要考虑别人吗?
- 他人会限制我们的自由吗,还是说他人让我们更自由?
- 自由和欲望之间有区别吗?
- 独自一人的时候更自由吗?
- 你觉得规则和法律是必须存在的吗?为什么?
- 在第三项活动中,你们有什么样的体验?
- 是否必须控制局面才会让我们感到自由?还是说,我们在局面失控时也能感到自由?

请孩子们将今日问题抄写(或者粘贴)在自己的哲学笔记里,并让已经会读写的孩子记下自己的心得。

让孩子们提供论据、正例或者反例来论证他们的观点。

注意要始终围绕主题，训练孩子们学会识别今日问题中的"预设"及其背后隐藏的核心问题。如果孩子们在讨论过程中没有明确地提炼出今日问题，那么就引导他们思考"自由究竟是什么？"以及"自由真的存在吗？"这两个今日问题所暗含的关键问题。

从孩子们的心得出发，集体拟出一个对"自由"的定义。

集体定义示例：自由

自由是指没有成为奴隶或者囚徒，即在尊重别人的自由的同时，自己的行为、思想和表达不受束缚。自由是指能够根据自己的意志去行动，即做到独立自主。

小贴士：从词源上讲，"自主"（être autonome）的意思是"给自己（auto）制定规则（nomos）"。根据孩子们的年龄和知识背景，介绍并解释词语"束缚""意志"和"自主"的含义。

让孩子们将集体定义抄写（或者粘贴）在自己的哲学笔记里。

第四阶段　总结（10分钟）

请6—7岁的孩子们围绕今日问题"自由，意味着什么？"画一幅画；7—11岁的孩子们则可以在他们的哲学笔记里画一画（或者写一写）他们的思考内容，以及由集体讨论引申出的个人问题。

鼓励孩子们自愿在大家面前分享自己的所画或所写。

口头总结本次活动的核心内容（由孩子们或教师完成）。

最后，向孩子们提问："你们对本次哲学工坊感受如何？"请孩子们依次发言。

拓展活动：30~60 分钟

请孩子们简要总结前面所讨论的内容，尽量不要翻看哲学笔记。

根据孩子们的年龄和积极性，从以下三项活动中选择一项。

制作以"自由"（或"不自由"）为主题的风铃

小贴士：本次活动不以评价孩子们的艺术创作能力为目的，而是根据"整全法"引导孩子们进入质疑和探索的情境中。在这里，教师要引导并陪伴孩子们完成问题化和概念化的过程，从而让他们能够通过具体的艺术实践活动，区分"自由"和"不自由"的概念。

表现"自由"概念的风铃（6—7岁儿童作）

让孩子们开展一个艺术实践活动，延续其之前关于"自由"的探讨。

将课桌散放在教室中——每张桌子上放一个大盒子（参见"材料准备"）。

请孩子们利用手头的材料制作一个风铃。他们可以选择利用自己制作的风铃展现"自由"或"不自由"的意象（可从互联网上寻找各种风铃的图片去启发孩子们完成风铃的制作）。

向孩子们演示如何用小木棍构建风铃的骨架。风铃的骨架结构须是稳固的，风铃应当能保持平衡。

之后，孩子们可以自由地用白线或彩线将能表达自己所选概念的元素挂在风铃上。

将孩子们创作的各式各样的风铃摆放在教室的角落里几日,随后他们可以将自己的风铃带回家。

请自愿展示自己作品的孩子们在全班面前做展示,并解释其创作成果和想表现的概念之间的联系。

口头总结本次活动的核心内容(由孩子们或教师完成)。

最后,向孩子们提问:"你们对本次哲学工坊感受如何?"请孩子们依次发言。

读哲学格言,探讨自由和幸福之间的关系(9—11 岁儿童适用)

请孩子们简要总结前面所讨论的有关自由和艺术之间的关联的内容,尽量不要翻看哲学笔记。

向孩子们提问"自由让我们更幸福吗?",以便进一步探索自由和幸福的关系。

向孩子们介绍该主题的哲学格言。

> 幸福不在于获取和享受,而在于没有欲望,因为幸福在于获得自由。[1]
>
> ——爱比克泰德(Épictète)

必要时,可以用事先准备好的玩偶,以有趣的方式向孩子们介绍哲学家爱比克泰德,并简短地介绍这位哲学家不凡的生平和哲学思想。

> 爱比克泰德是一位生活在公元 1 世纪的希腊哲学家,正如他的名字爱比克泰德(意即"奴隶"),他在获得自由之前,曾是一名奴隶。他创建了斯多葛派学院,但几乎没有留下任何文字。他的思想主要靠其学生的笔记得以流传,这些笔记被汇编成《爱比克泰德手册》。全

---

[1] 出自公元 1 世纪到 2 世纪的《爱比克泰德手册》(*Le Manuel d'Épictète*)一书。

书由一系列简短的格言构成。他认为，人们可以通过剥离物质欲望而达到真正的自由，并由此获得幸福。

以下是爱比克泰德的一则生平逸事，尽管有些残酷，但是教师仍可以考虑将其讲述给孩子们。

> 埃帕弗罗迪特是爱比克泰德的主人，他把爱比克泰德的脚塞进一只钢制的脚镣里，还扭动他的腿，想让他叫出声来。爱比克泰德并未因痛苦而呼喊，只是平静地说道：
> "你快折断我的腿了。"
> 主人继续这么做，并且真的折断了爱比克泰德的腿，爱比克泰德淡淡地说道：
> "看，我早就告诉过你。"
> 此后，爱比克泰德一直都瘸着腿。

战胜痛苦，达到摒除一切杂念和激情的境界是斯多葛派禁欲主义的基本主张。

从以上格言出发，引导孩子们思考什么是幸福，以及幸福和自由的关系。

启发性问题示例：

- ◆ 无欲无求，在你们看来是可能的吗？
- ◆ 无欲无求为什么可以成为一种自由和幸福的模式？
- ◆ 什么可以让我们幸福？
- ◆ 我们能决定自己的幸福吗？
- ◆ 无论发生什么，我们都能感到幸福吗？
- ◆ 幸福和不幸之间有什么区别？幸福和快乐或愉悦之间呢？幸福和舒适之间呢？
- ◆ 幸福可以持久吗？

- 身处哪里可以让我们感到幸福？
- 每个人的幸福都是相同的吗？
- 有可能实现幸福的生活吗？
- 我们可以不幸福地生活吗？
- 我们可以既幸福又不幸吗？如果可以，能举出几个例子吗？
- 幸福能够被看见吗？它在哪里呢？
- 当我们周围的所有人都不幸的时候，我们还能幸福吗？
- 我们必须要意识到自己是幸福的才能感到幸福，还是说只要生活着就足够了？
- 一个没有幸福的世界是什么样的？没有自由的世界呢？

从一个情境问题出发，展开关于言论自由的哲学讨论（9—11岁儿童适用）

请孩子们一起思考以下情境。

> 一天，劳拉决定在学校大门上贴一个人人都看得清楚的字条，上面写着：加斯帕尔是小偷！
>
> 她的小伙伴佐伊问她为什么要这样做。劳拉回答道："我找不到我的点心了。虽然我没亲眼看见，但是我确定是加斯帕尔偷走了我的点心。人们有言论自由，我希望人人都知道这件事！"

让孩子们安静地思考几分钟，然后提出问题："劳拉有没有权利这么做？"

孩子们可能给出的答案如下所示。

- 不能，因为劳拉没有证据。
- 可以，因为她有权利说她想说的话，尽管不一定是真实的。
- 不可以，因为即使这是真的，劳拉也应该先把这件事告诉老师。
- 可以，我们可以想说什么就说什么，想写什么就写什么，只要不伤害他人的身体就行。
- 我觉得不能想说什么就说什么，因为语言也会伤人。
- 一个人的自由结束于另一个人的自由开始的时候。加斯帕尔不再像以前那么自由了，因为他会被所有人怀疑为小偷。劳拉没有权利这样做。

启发性问题示例：
- 我们可以随心所欲地说或者写吗？
- 言论自由有界限吗？
- "表达"意味着什么？
- 我们可以用言语（或文字）伤害某个人吗？
- 我们可以仅凭只言片语就改变别人的人生吗？
- 我们可以用言语破坏某个人的声誉吗？
- 你们可以举出正例和反例吗？

让孩子们提供论据、正例或者反例来论证他们的观点。

在集体讨论之后（一定要在"之后"），教师应斩钉截铁地告诉孩子们："根据法律规定，劳拉没有权利这么做。如果我们公开且无证据地指控他人，就是在诽谤，这是违法的。"也要向孩子们解释"诽谤"的含义，即试图通过传播不实信息或者谎言损害某人的名誉和声望。

小贴士：尽管教师的提问实际上是一个法律问题（答案已经写在了法律中），但让孩子们先思考这个法律的前提条件还是十分有益的。这种对前提条件的思考划定了言论自由的界限，确定了到底什么是可说（或写）的，什么是不可说（或写）的。

教师可以根据孩子们的年龄和背景知识，通过提出以下问题来延伸孩子们关于哲学的思考：
- 诽谤某人和辱骂某人有什么区别？

- 指责某人和指责某人的思想是一回事吗？
- 我们可不可以公开批评某个宗教信仰或科学理论呢？
- 权利和自由之间有什么不同吗？

口头总结本次活动的核心内容（由孩子们或教师完成）。

最后，向孩子们提问："你们对本次哲学工坊感受如何？"请孩子们依次发言。

小贴士：让孩子们思考"自由"和"权利"之间的关系，这样可以为下一节课关于权利和义务的讨论做铺垫。

权利还是义务？

活动时长
45~60分钟。

材料准备
第一至三阶段：1本哲学笔记、1支蜡烛（在安全规定允许的情况下）或1个沙漏。
拓展活动：大张的白纸或者彩纸（绿色或褐色）、彩色铅笔和马克笔。

活动组织
第一、二阶段：孩子们和教师围成一圈，坐在高度相同的椅子上，以便平等地倾听和互动。
第三阶段和拓展活动：孩子们在桌子旁就座，进行艺术实践活动。

第一阶段　活动开始，准备蜡烛或沙漏（5分钟）

让孩子们围坐成一圈，宣布开始今日的哲学工坊。

把蜡烛或沙漏放在圆圈中间。

先让孩子们回忆"黄金法则",然后集体总结前一节课的内容(仅在必要的情况下才可以翻看哲学笔记)。

第二阶段　主题讨论(40分钟)

借助于"苏格拉底"玩偶,引出关系到"自由是什么?"这个本章核心问题的子命题:"权利还是义务?",并将其写在黑板上。

提出以下问题:"什么是权利?什么是义务?你们可以举出一些有关权利和义务的例子吗?"

让孩子们积极思考,并举手发言,用论据论证自己的观点。

教师自己或者事先指定一个孩子(7—11岁)作为课堂记录员,在黑板上做笔记,记录讨论的关键点。

孩子们可能给出的答案如下所示。

- 我们有说话的权利。
- 不一定,有时候,比如在电影院,我们就不能说话。
- 权利是指我们能做的那些事情。
- 权利是别人欠我们的东西。
- 有权利,就可以自由地做事。
- 有时候我们会有做家庭作业的义务,比如学一首诗歌。
- 我们还得帮助别人做家务,比如摆桌子。
- 义务是我们必须做的事情,因为是强迫性的。

请孩子们将今日问题抄写(或者粘贴)在自己的哲学笔记里,并让已经会读写的孩子记下自己的心得。

启发性问题示例:

- 权利有什么用?义务呢?
- 权利和愿望之间有不同之处吗?如果有,是什么呢?
- 义务和责任之间有区别吗?

- 尽义务容易吗？
- 你们可以解释为什么吗？
- 你们有没有被尊重的权利？
- 你们有没有尊重他人的义务？
- 你们认为对别人负责有必要吗？
- 你们可以举出一些正例或者反例吗？
- 法律又扮演着什么样的角色呢？
- 你们认为法律总是保护（或者说应该保护）每个人的权利吗？

在不断激励孩子们思考的同时，教师应引导并陪伴孩子们完成问题化和概念化的过程，从而让他们能够从概念上区分"权利"和"愿望"（孩子们有上学的权利，却没有拥有手机的权利，尽管后者是孩子们更想要的），或者区分"责任"和"义务"（一个成年的公民有义务去投票，但不是非去不可）。

教师要一如既往地鼓励孩子们通过举例证明自己的观点，培养他们的论证能力。

第三阶段 总结（15分钟）

请6—7岁的孩子们围绕今日问题"权利还是义务？"画一幅画；7—11岁的孩子们则可以在他们的哲学笔记里画一画（或者写一写）他们的思考内容，以及由集体讨论引申出的个人问题。

鼓励孩子们自愿在大家面前分享自己的所画或所写。

口头总结本次活动的核心内容（由孩子们或教师完成）。

最后，向孩子们提问："你们对本次哲学工坊感受如何？"请孩子们依次发言。

拓展活动：30~60 分钟

小贴士：此环节活动可视情况延后开展。

读宣言，制作"思想之树"

请孩子们简要总结前面所讨论的内容，尽量不要翻看哲学笔记。

向孩子们宣读以下两句宣言，拓展大家对于权利和义务的讨论。

> 人人生而自由，在尊严和权利上一律平等。
> ——《世界人权宣言》
> （*Déclaration universelle des droits de l'homme*，1948）
>
> 儿童应受到特别保护，并应通过法律和其他方法获得各种机会与便利，使其能在健康而正常的状态和自由与尊严的条件下，得到身体、心智、道德、精神和社会等方面的发展。
> ——《儿童权利宣言》
> （*Déclaration des droits de l'enfant*，1959）

将以上两句宣言写在黑板上，并让孩子们大声朗读出来。

小贴士：根据孩子们的年龄和具体情况，介绍并解释词语"世界""心智""道德""精神"和"社会"。

从这两句宣言出发，引导孩子们思考权利和义务的关系。教师可以通过提出"'人人生而自由，在尊严和权利上一律平等'是什么意思？"这一问题，引发孩子们的讨论。

整合孩子们最终的思考结果和他们在前面一节哲学工坊的心得，将其迁移到孩子们一起用纸张制作的一棵巨大的"思想之树"上。孩子们可以先做好树干（用褐色纸张制作）、树枝（用褐色纸张制作）、树叶（用绿色纸张制作）、树根（用褐色纸张制作），然后将讨论的各个阶段在"思想之树"上表现出来。孩子们也可以选用丰富的色彩装饰"思想之树"。

小贴士：米歇尔·托齐所推崇的"树"这个隐喻非常好地展现了孩子们集体交流的机制：从一个基础的案例（树根）出发，孩子们在培养能动性和兴趣（树枝）的过程中一点点地（树干代表了集体探讨）学会了问题化、概念化和论证（树叶）的思维模式。

之后，将"思想之树"贴在教室或者走廊的墙壁上。如果"思想之树"太大，那么可以将其直接铺在地上，展示一整天。

最后，向孩子们提问："你们对本次哲学工坊感受如何？"请孩子们依次发言。

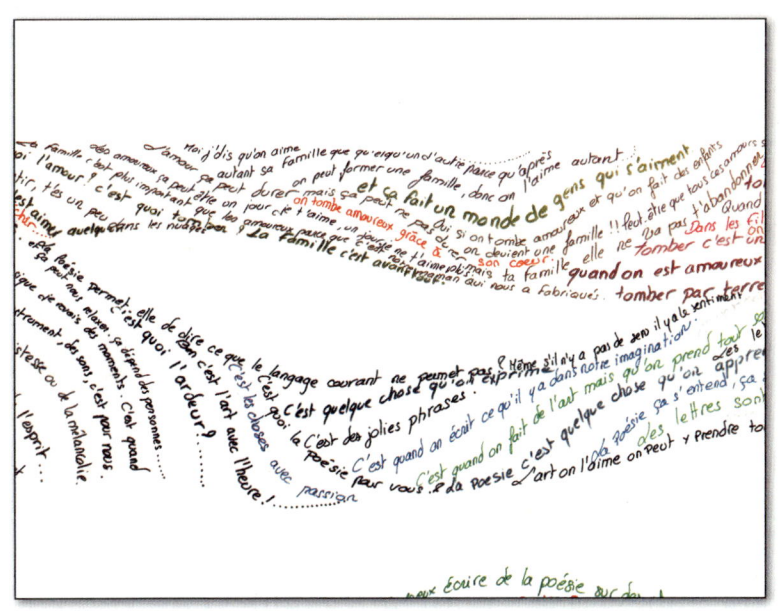

"思想之树"的局部细节[1]（9—10岁儿童作）

---

[1] 图中部分文字的意思为"这是一个人与人友善相处的世界""我们所写的都是我们想象中的""家排在所有事情之前"。——译者注

活动 3　自由，还是不自由？

活动时长
75~105 分钟。
材料准备
第一阶段：1 本哲学笔记。 第二阶段：孩子们每人 1 台平板电脑、1 部智能手机或 1 台照相机（数码相机或一次性成像相机），根据学校的设备配置或家长能够提供的设备量力而行。 拓展活动：教师需配备一台计算机或者视频播放设备。
活动组织
第一阶段和拓展活动：孩子们和教师围成一圈，坐在高度相同的椅子上，以便平等地倾听和互动。 第二阶段：孩子们在教室里或者去校外拍摄照片。

第一阶段　活动开始（5分钟）

先借助于"苏格拉底"玩偶，告知孩子们本次哲学工坊将从接下来要完成的摄影实践活动开始。活动的核心任务是拍摄能够表现"自由"和"不自由"的照片。拓展活动阶段则是让孩子们互相交流自己的选择。

让孩子们集体总结前一节课的内容（仅在必要的情况下才可以翻看哲学笔记）。

第二阶段　用镜头捕捉"自由"或"不自由"（40分钟）

小贴士：本次活动不以评价孩子们的艺术创作能力为目的，而是根据"整全法"引导孩子们对"自由"的概念进行质疑和探索，从根本上区分"自由"和"不自由"，锻炼孩子们的概念化技能。

教师可根据孩子们的年龄和实际情况，决定是带孩子们去操场、学校周边拍照还是在教室里。教师可以利用现有的学校场景进行创作，如果需要使用一次性成像相机，则须预留冲洗照片的时间。

紧接着，请孩子们根据所处的空间就"自由"和"不自由"的概念各拍摄三张照片，然后从中选出一张表现"自由"和"不自由"的概念。

情况变动：如果让孩子们当场拍摄照片比较困难，那么教师可以在课程开始的前几天让孩子们从报纸和杂志上裁剪两张图片，用其中一张表现"自由"，用另一张表现"不自由"。孩子们选择的图片将被贴在黑板上的两栏中，余下的讨论活动照常进行。

拓展活动：30~60 分钟

小贴士：紧随以上内容开展本次活动。

欣赏照片，讨论哲学

孩子们按半弧形坐在教室里，以便能清楚地看到屏幕，或者使用合适的教室播放孩子们的摄影作品。

请每个孩子上台展示自己的图片，解释并论述它们与要表现的概念之间的联系，同时回答其他孩子的问题。这一环节将继续锻炼孩子们的概念化技能和论证思维。随后，可以在活动中再穿插一些小型的讨论。

启发性问题示例：

- 你觉得这张照片表现了什么？
- 你可以说说为什么这张照片在你看来表现了"自由"或"不自由"吗？

最后，向孩子们提问："你们对本次哲学工坊感受如何？"请孩子们依次发言。

小贴士：可以将照片洗出来张贴在教室里，举办一场以"自由"为主题的摄影展。

活动 4　我们能够兼顾自由和工作吗？

活动时长
45~60 分钟。
材料准备
第一至三阶段：1 本哲学笔记、1 支蜡烛（在安全规定允许的情况下）或 1 个沙漏。
活动组织
第一至三阶段：孩子们和教师围成一圈，坐在高度相同的椅子上，以便平等地倾听和互动。 拓展活动：孩子们站在教室中间（或者选择一个更适合的场地）进行哑剧表演。

第一阶段　活动开始，准备蜡烛或沙漏（5 分钟）

让孩子们围坐成一圈，宣布开始今日的哲学工坊。

把蜡烛或沙漏放在圆圈中间。

先让孩子们回忆"黄金法则"，然后集体总结前一节课的内容（仅在必要的情况下才可以翻看哲学笔记）。

第二阶段　主题讨论（40 分钟）

借助于"苏格拉底"玩偶，引出关系到"自由是什么？"这个本章核心问题的子命题："我们能够兼顾自由和工作吗？"，并将其写在黑板上。

向孩子们解释这个问题："我们可以在工作的同时拥有自由吗？"

让孩子们积极思考，并举手发言，用论据论证自己的观点。

教师自己或者事先指定一个孩子（7—11 岁）作为课堂记录员，在黑板上做笔记，记录讨论的关键点。

孩子们可能给出的答案如下所示。

- 可以的，我们可以有时候工作，有时候自由自在。
- 也有人一直在工作，他们从来没有自由。
- 奴隶就不自由呀。
- 有时候，人就算有空闲，也会感到不自由。
- 在学校，孩子们是自由的，但是他们也得上课。
- 这取决于我们做的是什么工作。
- 我们如果做自己喜欢的工作，就会感到自由。
- 工作会让我们更自由，因为工作可以让我们挣到钱去做一些事情，还能买吃的。

请孩子们将今日问题抄写（或者粘贴）在自己的哲学笔记里，并让已经会读写的孩子记下自己的心得。

启发性问题示例：

- 自由意味着什么？你们可以举几个例子吗？
- 工作又意味着什么？
- 做作业和工作是一回事吗？你们知道为什么吗？
- 我们必须工作吗？
- 没有工作的世界可能存在吗？
- 如果人们不工作，那么他们会更自由还是会更不自由呢？
- 我们可以选择自己的职业吗？
- 机器人工作吗？
- 你们会为自己工作还是为他人工作？
- 工作能帮助我们实现自己的心愿吗？
- 我们可以在工作的同时拥有自由吗？你们可以解释一下为什么吗？

- 你们可以举出正例和反例吗？
- 艺术创作是一种工作吗？

在不断激励孩子们思考的同时，教师应引导并陪伴孩子们完成问题化和概念化的过程，从而让他们能够区分"工作"和"空闲"的概念，以及"工作"与"做作业"和"艺术创作"的不同。同时，教师要一如既往地鼓励孩子们说明自己的观点，以培养他们的论证能力。

小贴士：哲学家汉娜·阿伦特（Hannaht Arendt，1906—1975）对"工作""作品"和"活动"三个基础概念进行了区分，她认为：①工作是一种我们为了产出生存必需品而做出的努力，其成果会被耗尽，因为它注定会被消耗掉（比如伐木或洗碗等）；②作品须是某种手工劳动的成果，这种手工劳动应具备一定的技艺，并且其成果是可以代代相传的（例如画一幅画或者建一个房子）；③活动是不产出任何物质对象的行为，其特点是具有主动性和一定的社会规模（例如教学、研究和政治活动）。

可借助于"汉娜·阿伦特"玩偶，以有趣的方式向孩子们介绍以上概念并让他们关注这些概念之间的区别。

第三阶段　总结（10分钟）

请6—7岁的孩子们围绕今日问题"我们能够兼顾自由和工作吗？"画一幅画；7—11岁的孩子们则可以在他们的哲学笔记里画一画（或者写一写）他们的思考内容，以及由集体讨论引申出的个人问题。

鼓励孩子们自愿在大家面前分享自己的所画或所写。

口头总结本次活动的核心内容（由孩子们或教师完成）。

最后，向孩子们提问："你们对本次哲学工坊感受如何？"请孩子们依次发言。

拓展活动：30~60 分钟

小贴士：此环节活动可视情况延后开展。

哑剧表演：工作还是不工作？

请孩子们简要总结前面所讨论的内容，尽量不要翻看哲学笔记。

推荐孩子们玩一个艺术小游戏，拓展大家关于"工作"的讨论。

小贴士：本次活动的主要目的是根据"整全法"引导孩子们学会提出假设、使用发散思维，培养其区分概念、寻找正例及反例和论证的能力。

将孩子们分为三组。第一组先设想三种情境，每种情境表现一种工作或闲暇时刻的状态，然后小组成员表演这些情境。

可用情境示例如下。

- 一个人正在用锤子钉钉子。
- 一个孩子正在踢足球。
- 一个孩子正在做作业。
- 一个人正在写东西。
- 一个人正在散步。
- 一个人正在画画。
- 一个人正在帮助另一个人。
- 两个人正在搬运一个大盒子。

第二组试图猜出第一组所表现的情境。

第三组提出异议，形式为"没错，但是……"。

例如，第一组成员表演正在写东西的人，第二组成员说："这个孩子正在工作，因为他正在做家庭作业。"第三组成员可以提出异议，说："没错，但是这也可以是一个人在闲暇的时候写诗。""没错，但是写作业不算是真正的工作。"

第二组成员可以用论据捍卫自己的观点。

在三种情境表演完毕之后，换一个小组表演。

活动 5 如果可以隐身，你会做什么？

活动时长
60~90 分钟。
材料准备
第一至三阶段：1 本哲学笔记、1 支蜡烛（在安全规定允许的情况下）或 1 个沙漏。 拓展活动——毛毡、剪刀、胶水、大纽扣或宝石玩具。
活动组织
第一、二阶段和拓展阶段（讨论）：孩子们和教师围成一圈，坐在高度相同的椅子上，以便平等地倾听和互动。 第三阶段：孩子们站在教室中间（或者选择一个更适合的场地）玩角色游戏。 拓展活动——孩子们在桌子旁就座，进行艺术实践活动。

第一阶段 活动开始，准备蜡烛或沙漏（5 分钟）

让孩子们围坐成一圈，宣布开始今日的哲学工坊。

把蜡烛或沙漏放在圆圈中间。

先让孩子们回忆"黄金法则"，然后集体总结前一节课的内容（仅在必要的情况下才可以翻看哲学笔记）。

第二阶段　神话《吉格斯之戒》（10 分钟）

借助于"苏格拉底"玩偶，向孩子们讲述神话故事《吉格斯之戒》。《吉格斯之戒》是古希腊哲学家柏拉图记载在《理想国》里的一则神话故事。教师尽量不要照本宣科，而应面向孩子们讲述故事，并且采用契合孩子们年龄特征的语言表达方式，这样可以更好地吸引他们的注意力。

讲完故事后，将故事的标题和哲学家的名字写在黑板上。

这则神话与"自由"的主题紧密相连，它提出了"选择做好事还是做坏事？"这一问题。

可以选择使用米歇尔·皮格马尔的《哲学寓言》一书作为参考，以下内容改编自这本书。

吉格斯之戒

吉格斯是一位牧羊人，他在一个死去的人身上发现了一枚神秘的戒指。一日，他和其他牧羊人一起被国王召唤。吉格斯默默地把玩着手上的戒指，旋转着戒指上的宝石。他万万没有想到，这个举动竟然让他变成隐身人。其他牧羊人聊着天，就像完全不知道他的存在一样。吉格斯将宝石再转一圈，又重新出现在了同伴面前。

第二天，他又试了一试，终于确信了这枚戒指的神奇魔力。很快，他心中涌起了邪恶的念头，他开始觊觎国王的财富。吉格斯回到宫殿，设法诱惑了王后，并利用隐身术杀掉了国王，夺取了王位。

——*米歇尔·皮格马尔*（2003）

注意采用契合孩子们年龄特征的语言表达方式，确保所有人都能理解故事内容，并且让孩子们口头总结故事内容。

第三阶段　基于神话故事，编排即兴戏剧

将孩子们分成四人一组。

让每个小组为神话故事《吉格斯之戒》想象不同的结局。孩子们以小组形式讨论，每个孩子从吉格斯、死者、国王或王后中选择一个角色。

小贴士：死者是普通的角色，孩子们可决定是否让其发言。教师需注意避免引导孩子们给出"预期答案"。

仍以四人为一组，轮流邀请孩子们通过即兴创作与原版不同的结局来表演该神话故事。

即兴表演结束后，请每个小组阐述选择该结局的原因，以此培养孩子们的论证能力。

拓展活动：15~30 分钟

小贴士：紧随以上内容开展本次活动。

哲学讨论"如果可以隐身，你会做什么？"

向孩子们提问："如果你有一个像'吉格斯之戒'一样的戒指，可以让你隐身，那么你会做些什么？"

教师自己或者事先指定一个孩子（7—11岁）作为课堂记录员，在黑板上做笔记，记录讨论的关键点。

孩子们可能给出的答案如下所示。

- ✦ 我会偷走我姐姐所有的糖果！
- ✦ 我不会变坏的，可我会很难过，因为这样的话，就没有人可以和我一起玩耍了。
- ✦ 我只想隐身一天，因为我想看看吃下去的食物是怎么穿过我的身体的！
- ✦ 我不会做坏事的，因为那样不好。
- ✦ 人如果会隐身，就会变得更坏，因为这样他就不用被关到禁闭室了。

启发性问题示例：

◆ 在生活中，人们大多是"做坏事"还是"做好事"？在你们看来，这是为什么呢？

◆ 我们总是能够自己决定如何行动吗？

◆ 我们会因为害怕被惩罚而避免做坏事吗？

口头总结本次活动的核心内容（由孩子们或教师完成）。

最后，向孩子们提问："你们对本次哲学工坊感受如何？"请孩子们依次发言。

制作"吉格斯之戒"

小贴士：本次活动的主要目的在于用寓教于乐的方式让孩子们理解故事《吉格斯之戒》。

陪孩子们完成以下步骤。

1. 从毛毡上剪下一条细细的带子。
2. 将细细的带子绕在手指根部，将其重新裁剪至符合手指粗细的长度。
3. 再在毛毡上剪出一个小方片和一个小圆片（小方片的边长和小圆片的直径都是 1.5 厘米左右）。
4. 将细细的带子的两端重叠，用小方片或小圆片固定黏合。
5. 将大纽扣或宝石玩具粘在小方片或小圆片上。

活动 6　好还是坏？

活动时长
45~60 分钟。
材料准备
第一至三阶段：1 本哲学笔记、1 支蜡烛（在安全规定允许的情况下）或 1 个沙漏。
活动组织
第一、二阶段和拓展活动：孩子们和教师围成一圈，坐在高度相同的椅子上，以便平等地倾听和互动。

第一阶段　活动开始，准备蜡烛或沙漏（5 分钟）

让孩子们围坐成一圈，宣布开始今日的哲学工坊。

把蜡烛或沙漏放在圆圈中间。

先让孩子们回忆"黄金法则"，然后集体总结前一节课的内容（仅在必要的情况下才可以翻看哲学笔记）。

第二阶段　主题讨论（40 分钟）

借助于"苏格拉底"玩偶，引出关系到"自由是什么？"这个本章核心问题的子命题："好还是坏？"，并将其写在黑板上。这个问题上承前一节课的讨论。随后，继续提问："生活中，我们有时候做好事，有时候会做坏事。但好与坏究竟意味着什么呢？"

让孩子们积极思考，并举手发言，用论据论证自己的观点。

教师自己或者事先指定一个孩子（7—11 岁）作为课堂记录员，在黑板上做笔记，记录讨论的关键点。

孩子们可能给出的答案如下所示。
- 好是坏的反面。
- 好是积极的东西。
- 好就是比如当你作业做得很好的时候,父母给你一个意外的奖励。
- 坏的事情就是乱扔垃圾污染地球。
- 偷东西是坏事。
- 没错,但是有时候你可以去偷富人的东西,这样他们还是会很富裕,或者你可以偷一个没用的纸片。
- 只有坏人才会做坏事。

请孩子们将今日问题抄写(或者粘贴)在自己的哲学笔记里,并让已经会读写的孩子记下自己的心得。

启发性问题示例:
- 你们可以举出哪些是做好事的例子,哪些是做坏事的例子吗?
- 你们可以解释一下为什么有些事被认为是好事,而另一些事被认为是坏事吗?
- 人们对于"什么是好事、什么是坏事"的看法相同吗?
- 有没有一种行为在某些时代或者情境下被认为是好的,而在其他的时候被认为是坏的?
- 好与坏的界定在不同的时代是统一的吗?
- 在你们看来,人为什么会做坏事?
- 做坏事总是故意的吗?
- 我们总是知道什么是好、什么是坏吗?
- 我们总是故意伤害别人吗?
- 人们会因为害怕被惩罚而做好事吗?
- "造成伤害"和"作恶"有区别吗?
- 我们可以说某种动物是坏的吗?也就是说,它们做的是不好的事情。
- "做好事"和"遵纪守法"是一回事吗?你们可以对自己的回答做

出解释吗?
- ◆ 你们可以举例证明自己的观点吗?有反例吗?
- ◆ 我们可以做哪些好事,从而让世界变得更美好呢?

小贴士:苏格拉底曾认为人们是因为无知(有时候无法认识到什么是善)而作恶。可使用哲学家玩偶等有趣的方式,引导孩子们思考苏格拉底的观点,并给出他们的解读。

第三阶段　总结(15分钟)

哲学绘画:警察(好人)与小偷(坏人)搏斗(6—7岁儿童作)

请6—7岁的孩子们围绕今日问题"好还是坏?"画一幅画;7—11岁的孩子们则可以在他们的哲学笔记里画一画(或者写一写)他们的思考内容,以及由集体讨论引申出的个人问题。

鼓励孩子们自愿在大家面前分享自己的所画或所写。

口头总结本次活动的核心内容(由孩子们或教师完成)。

最后,向孩子们提问:"你们对本次哲学工坊感受如何?"请孩子们依次发言。

拓展活动:30~60分钟

小贴士:此环节活动可视情况延后开展。

请孩子们简要总结前面所讨论的内容,尽量不要翻看哲学笔记。
根据孩子们的年龄和积极性,从以下两项活动中选择一项。

围绕故事《一棵神奇之树的两条枝丫》进行哲学讨论（8—11 岁儿童适用）

教师给孩子们讲述根据印度童话改编的故事《一棵神奇之树的两条枝丫》。尽量不要照本宣科，而应面向孩子们讲述故事，并且采用契合孩子们年龄特征的语言表达方式，这样可以更好地吸引他们的注意力。

一棵神奇之树的两条枝丫

很久很久以前，在一片遥远的旷野上，有一棵神奇的树，它很老很老了，据说，和地球一样老。它能结出闪着阳光般金色光芒的美妙果实，这些果实压弯了大树两条巨大的枝丫。可惜的是，人们没法享用这美妙的如神之馈赠的果实，因为其中一条枝丫上的果子是有毒的，而人们不知道是哪条枝丫。很多人在大树前垂涎欲滴，但都不敢上前采摘果子。直到一年饥荒，一场春寒毁掉了果园，夏旱又让庄稼全部枯萎，只剩下这棵神奇的大树还照常结果，而且果实比以往更加饱满诱人。村民们都聚集在树的周围，心中充满渴望，他们必须做出选择：要么不幸吃到坏的果子中毒而死，要么不碰果子饥饿而死。他们围着树急得团团转。最后，一位再无牵挂的老人决定身先士卒，他选了一条枝丫上的果实，咬了一大口。其他村民都看着他，眼见他一口接一口地嚼着果子，于是大家一哄而上，也吃起果子来。果肉极其甘甜可口，既充饥又解渴。随着人们不断采摘，更多的果子从枝头冒了出来。真神奇！连着几日，村子里充满了节庆的气氛，人们为过去的恐惧感到可笑，竟然差点因为另一条有毒的枝丫而活活饿死！

既然那条有毒的枝丫没用又危险，那么何必再留着它呢？夜幕降临，村民们拿着斧头将另一条枝丫从树干上砍了下来。

结果，到了第二天，他们发现，所有的果子都掉在地上腐烂了。而这棵大树，这棵同地球一样古老的大树，也死了。

——米歇尔·皮格马尔（2003）

故事讲完后，将故事的名字抄写在黑板上。

注意采用契合孩子们年龄特征的语言表达方式，确保所有人都能理解故事内容，并且让孩子们口头总结故事内容。

启发性问题示例：

- 我们总能轻易地区分好与坏吗？
- 好可以脱离坏独自存在吗？

通过头脑风暴，探究好与坏的概念（9—11岁儿童适用）

为了用不同的方式进一步探讨"好与坏"问题，教师可让孩子们思考下面的几个情境。

> 你身处学校课间的操场上，那里有三个小朋友：一个小男孩叫"阿莱德"，一个小女孩叫"想使坏"，另一个小男孩叫"不小心"。

情境1：小女孩（"想使坏"）追着阿莱德跑，她想绊倒他，但小女孩总是追不上他。

情境2：小女孩追着阿莱德跑，她狠狠地推了他一下，小男孩摔倒了，但是没摔疼。

情境3："不小心"正在和小伙伴一起玩捉人游戏，无意间撞倒了阿莱德，阿莱德摔在地上，摔断了胳膊。

那么问题来了：谁造成的伤害更大？

孩子们可能给出的答案如下所示。

- 我觉得是"不小心"，因为他让阿莱德摔断了胳膊。
- 不，应该是"想使坏"，因为"不小心"虽然造成伤害，但他不是故意的，而"想使坏"明显是故意的。
- 是"想使坏"吧，在第二个情境中她真的推了小男孩，当然，我也说不准……

本次小小的头脑风暴能够让孩子们思考，人们为了判断好与坏可能采取的两种态度。

总结下来，我们可能：

- 更注重行为的后果，根据所造成后果的严重程度判断"好"还是"坏"（这种情况下，"不小心"做的坏事是最严重的）；
- 或者以"意图"（也就是"目的"）而非行为造成的结果作为判断的基准（这种情况下，"想使坏"造成的伤害最大）。

要向孩子们说明，哲学家们也未能就这个问题达成一致，他们因为观点不同分成了两派：结果论派和意图论派。

小贴士：本次活动的目的在于引导孩子们就"好"与"坏"的概念完成一个问题化的思考过程，让他们意识到对于一个问题可以存在各种各样的观点，虽然这些观点的立场（比如根据结果或目的）不同，但它们都是合理的。

 暴力意味着更自由吗？

活动时长
30~45分钟。
材料准备
第一、二阶段：1本哲学笔记、1支蜡烛（在安全规定允许的情况下）或1个沙漏。拓展活动：孩子们每人1张A3大小的白纸、一些彩色墨水、少量用于稀释墨水的清水、1个用来装墨水的小罐子（比如空的酸奶罐子）、滴管、吸管、针（用于戳破吸管）、塑料做的"眼睛"配件、毛毡、彩色铅笔、水彩颜料和厚桌布（用来保护桌子）、1条围裙。

> **活动组织**
>
> 第一、二阶段：孩子们和教师围成一圈，坐在高度相同的椅子上，以便平等地倾听和互动。
>
> 拓展活动：孩子们在桌子旁就座，进行艺术实践活动"吸管墨水画"。

第一阶段　活动开始，准备蜡烛或沙漏（5分钟）

让孩子们围坐成一圈，宣布开始今日的哲学工坊。

把蜡烛或沙漏放在圆圈中间。

先让孩子们回忆"黄金法则"，然后集体总结前一节课的内容（仅在必要的情况下才可以翻看哲学笔记）。

第二阶段　主题讨论（20分钟）

借助于"苏格拉底"玩偶，向孩子们宣布今日问题："暴力意味着更自由吗？"，并将其写在黑板上。

让孩子们积极思考，并举手发言，用论据论证自己的观点。

教师自己或者事先指定一个孩子（7—11岁）作为课堂记录员，在黑板上做笔记，记录讨论的关键点。

孩子们可能给出的答案如下所示。

- ✦ 是的，因为人在发泄一下之后会感到好一些。
- ✦ 不，因为暴力没有任何意义，在这之后，别人又会对我们施加暴力，周而复始。
- ✦ 如果每个人都很暴力，那么没有人会感到自由。
- ✦ 人们在受到暴力对待的时候是有权利自卫的。
- ✦ 自由不等同于暴力。
- ✦ 动口总比动手好。

请孩子们将今日问题抄写（或者粘贴）在自己的哲学笔记里，并让已

经会读写的孩子记下自己的心得。

启发性问题示例：

- ✦ 你们可以提供一些暴力的示例吗？
- ✦ 为什么人有时候会使用暴力？
- ✦ 存在各种类型的暴力吗？
- ✦ 我们仅用言语就能伤害他人吗？
- ✦ 谩骂别人构成暴力行为吗？
- ✦ 有没有不依靠武力的暴力行为？
- ✦ 在什么情况下，暴力是被法律允许的？你们能举几个正例和反例吗？
- ✦ 做坏事和暴力是一回事吗？你们能说说为什么吗？
- ✦ 我们总能控制好自己的暴力倾向吗？
- ✦ 人类是唯一会使用暴力的生物吗？
- ✦ 自然界中存在暴力吗？
- ✦ 一个没有暴力的世界可能存在吗？
- ✦ 有没有什么方法可以减少和预防暴力？
- ✦ 在你们看来，对话可以帮助解决冲突吗？
- ✦ 在你们看来，暴力是自由的一种形式吗？

在不断激励孩子们思考的同时，教师应引导并陪伴孩子们完成问题化和概念化的过程，从而让他们能够理解"暴力"的概念，以及从本质上区分"暴力"与"恶"或者"武力"，并进一步区分不同类型的暴力（语言暴力、肢体暴力等）。同时，教师要一如既往地鼓励孩子们通过提供论据和举正例及反例的方式说明自己的观点，培养他们的论证能力。

拓展活动：15~30 分钟

小贴士：紧随以上内容开展本次活动。

吸管墨水画

小贴士：本次活动的目的在于让孩子们利用气息控制技巧去探索如何控制暴力。一旦气息被吹出，正如暴力，总是很难被控制住，墨水就会在纸上自由流动。

想让孩子们理解这个问题，须从解释控制呼吸和控制暴力情绪之间的相似性着手。

请孩子们通过"吸管墨水画"活动探索"暴力"的概念，并通过"我们总能控制好自己的暴力倾向吗？"这一问题引发孩子们的思考。

之所以让孩子们通过控制自己的呼吸来模拟对自身暴力情绪的控制，是为了将这种自我控制的艺术行为与本次哲学工坊的内容（即"对暴力的表现"）联系起来，即将孩子们的身体行为和他们所探讨的概念联系起来。

以下步骤由成人辅助完成（6—7岁儿童适用）。

1. 在吸管中间戳一个小洞，以降低孩子们因为误将呼气做成吸气而吸食墨水的风险。
2. 用滴管在一个小罐子里滴入几滴墨水和清水，将其混合均匀。

以下步骤由孩子们完成。

1. 选择一种颜色，然后轻轻地用滴管吸取一点稀释后的墨水（墨水需保持在滴管中，不滴下）。
2. 随后在白纸上滴几滴墨水。
3. 借用一根吸管对着墨水滴吹气。
4. 用其他颜色的墨水再重复几遍，可让孩子们自由选择颜色和次数。
5. 在墨水干了之后，孩子们如果想画人物，就可以用彩色铅笔、水彩颜料等在图案上加上"眼睛"等细节。

成品示例：彩色墨水画

请有意愿的孩子将自己的作品展示在大家面前，以培养其自信心。教师通过提出以下问题来锻炼孩子的问题化、概念化和论证能力：

◆ 可以向我们描述一下你的画作吗？
◆ 它与暴力之间有什么联系？
◆ 控制自己的呼吸容易吗？
◆ 你可以说说为什么吗？

将孩子们创作的墨水画在教室里展示几日，之后，孩子们可以将自己的作品带回家。

口头总结本次活动的核心内容（由孩子们或教师完成）。

最后，向孩子们提问："你们对本次哲学工坊感受如何？"请孩子们依次发言。

第四章

相似还是不同？

本章导览

活动 1　我和别人一样吗？

活动 2　不同还是不平等？

活动 3　女孩还是男孩？

活动 4　正常还是不正常？

活动 5　人类和其他动物一样吗？

活动 6　动物之舞

活动 7　共同生活容易吗？

 **活动 1　我和别人一样吗？**

活动时长
45~60 分钟。
材料准备
第一、三、四阶段：1 本哲学笔记，1 支蜡烛（在安全规定允许的情况下）或 1 个沙漏。 第二阶段：2 个口袋和一些标签纸（约 30 个）。
活动组织
第一、三、四阶段和拓展活动：孩子们和教师围成一圈，坐在高度相同的椅子上，以便平等地倾听和互动。 第二阶段：孩子们站在教室中间（或者选择一个更适合的场地）玩肢体艺术小游戏——声形接龙。

第一阶段　活动开始，准备蜡烛或沙漏（5 分钟）

让孩子们围坐成一圈，宣布开始今日的哲学工坊。

把蜡烛或沙漏放在圆圈中间。

先让孩子们回忆"黄金法则"，然后集体总结前一节课的内容（仅在必要的情况下才可以翻看哲学笔记）。

第二阶段　声形接龙游戏（20 分钟）

借助于"苏格拉底"玩偶，向孩子们宣布今日问题："我和别人一样吗？"，并将其写在黑板上。

请孩子们完成三个不同的肢体或形体游戏［该游戏的灵感来源于弗雷内教学法（pédagogie Freinet）］。

注意，需提前准备好 2 个口袋（一个是声音口袋，一个是动作口袋）和一些标签（每袋约 15 个）。

还不会读写的孩子们可以求助于教师。

趣味示例：用旧短裤制作的双口袋，仅需将裤管缝死，并沿中缝向上缝合即可

声音标签示例

滴答滴答声	牙齿碰撞声	飞机引擎声	狼的叫声
响指声	掌声	跺脚声	雨声
海浪声	贴面吻声	呼气声	口哨声
猫头鹰的叫声	手拍打地面声	猫叫声	拍打鼓起的脸颊发出的响声

动作标签示例

拉绳子	敬礼	在广场上奔跑	摇头
举起胳膊	弯腰	躺在地上	用剪刀剪
浇花	打扫	深深吸气	睁眼或闭眼
原地转圈	打哈欠		

标签示例

游戏1　一音一形（5分钟）

向孩子们介绍游戏规则：孩子们将在教室中间组建一个表演声音和动作的"机器"（接龙队形）。第一个孩子走到房间中央，从口袋里抽取一个声音标签和一个动作标签，并将其表演出来，其他孩子轮流走到第一个孩子身边，重复他的声音和动作。孩子们保持自己的声音和动作，直到最后一个孩子也加入游戏。

游戏2　多音多形（5分钟）

请孩子们依次上前抽签。第一个孩子随机抽取一个声音标签和一个动作标签，记住标签的内容后，将标签放回口袋里。随后，走到教室中间，表演刚才抽到的内容。紧接着，第二个孩子上去抽签……如此循环往复，孩子们很有可能会抽到同样的声音或者动作。抽过签的孩子们在各自的位置上站好，不断地表演抽到的声音和动作，直到最后一个孩子也完成表演。

游戏3　音形联动（10分钟）

请每个孩子模仿前一个孩子的声音和动作。第一个孩子走到教室中间，抽取一个声音标签和一个动作标签。第二个孩子猜测（他不参与抽签）第一个孩子发出的声音和做出的动作是什么，然后将第一个孩子的表演补充完整。紧接着，第三个、第四个孩子加入接龙，不断丰富和补全前一个孩子的声音和动作，直到最后一个孩子也加入游戏。

小贴士：本次活动不以评价孩子们的艺术创作能力为目的，而是根据"整全法"引导孩子们对"相似"与"不同"的概念进行质疑和探索。而肢体游戏可以帮助他们将这个主题问题化（即根据这一主题提出各种各样的疑问）。

第三阶段　主题讨论（25分钟）

通过上述三个游戏，以及对这三个游戏的比较，开启孩子们的哲学探讨。

借助于"苏格拉底"玩偶，再一次提醒孩子们今日问题："我和别人一样吗？"，并继续提问："通过玩刚才的小游戏，谁已经有了想法？"

让孩子们积极思考，并举手发言，用论据论证自己的观点。

教师自己或者事先指定一个孩子（7—11岁）作为课堂记录员，在黑板上做笔记，记录讨论的关键点。

孩子们可能给出的答案如下所示。

- 在第一个游戏中，我们做的动作都是一样的。
- 我们有一些共同之处。
- 但是每个人的音调都不相同。
- 尽管我们说的语言不一样，做的事情也很不同，但我们都是人类。
- 在第二个游戏中，每个人的声音和动作都不一样。
- 有时候，第二个游戏有同样的声音和动作。
- 在第三个游戏中，我们都不一样，因为我们各自决定自己的声音和动作。
- 我喜欢第三个游戏，因为每个人可以有更多的选择。
- 第一个游戏也很好笑。
- 现实生活应该更接近第二个游戏，因为我们都是不一样的。
- 人们不能自己决定是否与他人不同，比如我是黑色的头发，你是金色的头发，这些都不是我们自己选择的。
- 我和你想的相反，人们在更多的时候可以决定自己的不同，比如穿什么衣服、听什么音乐、做什么运动，等等。
- 但人在大部分时候还是要融入集体的，所以在我看来，现实生活像第三个游戏多一些。
- 有时候我们会有不同的思想和品位。
- 我比较喜欢第三个游戏，因为我们可以利用各自的不同和别人一起创造点什么，而在第二个游戏中，每个人多多少少都有点孤立。

启发性问题示例：
- 这三个声形接龙游戏，你们更喜欢哪个？
- 可以说说为什么吗？
- 你们发现这三个游戏的不同之处了吗？如果发现了，是什么呢？
- 哪个游戏最能代表现实生活中的情况？为什么？
- 人们因何不同，又因何相似呢？
- 你们可以提供一些例子吗？
- 我们是生来就不同吗？还是渐渐变得不同？
- 我们可以选择自己的不同之处吗？可以举几个例子吗？
- 存在不同类型的不同之处吗？
- 我们可以利用自己与他人的不同之处，与他人一起完成一些项目吗？

请孩子们将今日问题抄写（或者粘贴）在自己的哲学笔记里，并让已经会读写的孩子记下自己的心得。

让孩子们提供论据、正例或者反例来论证他们的观点。

从孩子们的感悟出发，拟出一个集体结论。这个结论不必是最终的，可以是暂时性的、开放式的，也就是说，可供孩子们之后继续讨论。

集体暂得结论示例

我和他人既相似又不同。人类在某些方面相似，又在其他方面不尽相同。这些不同可以是外在的，也就是说，是可见的（比如头发的颜色、眼睛的颜色、身高和衣着等），也可以是内在的，是肉眼看不见的（比如人的品位、信仰、学识和人生规划等）。

我们既可以辨别身体（比如身高、性别和肤色等）上的不同，也可以区分文化（例如衣着、信仰和饮食习惯等）上的不同，以及智力（如学习能力、知识水平和记忆力等）的不同。"不同"是"相似"的反面，尽管人类有诸多相似之处，但他们是彼此区别的，可以利用各自的"不同"共同完成项目。

第四阶段　总结（10分钟）

请6—7岁的孩子们围绕今日问题"我和别人一样吗？"画一幅画；7—11岁的孩子们则可以在他们的哲学笔记里画一画（或者写一写）他们的思考内容，以及由集体讨论引申出的个人问题。

鼓励孩子们自愿在大家面前分享自己的所画或所写。

口头总结本次活动的核心内容（由孩子们或教师完成）。

最后，向孩子们提问："你们对本次哲学工坊感受如何？"请孩子们依次发言。

拓展活动：30~60分钟

小贴士：此环节活动可视情况延后开展。

请孩子们简要总结前面所讨论的内容，尽量不要翻看哲学笔记。

根据孩子们的年龄和积极性，从以下两项活动中选择一项。

读绘本和小说，谈哲学

在众多绘本和小说中，可选择以下几本作为参考：

◆《蓝狗》(*Chien Bleu*，Nadja，1989)（适合5—8岁儿童阅读）；

◆《菲利克斯》(*Flix*，Tomi Ungerer，2000)（适合6—8岁儿童阅读）；

- ◆《七百万张脸》(Sept milliards de visages, Peter Spier, 2009)(适合 6—8 岁儿童阅读);
- ◆《法国万岁!》(Vive la France!, Thierry Lenain, 2012)(适合 7—11 岁儿童阅读)。

读格言,谈哲学(9—11 岁儿童适用)

向孩子们介绍下面这句哲学格言,以拓展孩子们关于人与人之间异同的探讨。

> 在对话中,他人与我之间产生了一个共同的基础,我的思想和他的思想只有一个唯一的肌体。①
>
> ——莫里斯·梅洛-庞蒂(Maurice Merleau-Ponty)

将这句格言写在黑板上,并让孩子们大声朗读出来。确保孩子们能准确理解格言中的每个词语。随后,让孩子们给出他们的解读。

小贴士:对于理解格言有一定困难的孩子,教师可以为他们转述格言的中心思想,例如"通过与他人沟通,我们可以创造出共同的东西"。

教师可以事先准备好一个"莫里斯·梅洛-庞蒂"玩偶,以便用有趣的方式向孩子们介绍这位大哲学家。

---

① 出自 1945 年的《知觉现象学》(Phénoménologie de la perception)一书。

活动 2　不同还是不平等？

活动时长
45~60 分钟。

材料准备
第一至三阶段：1本哲学笔记、1支蜡烛（在安全规定允许的情况下）或1个沙漏。 拓展活动（集体作画）：大张的白纸、马克笔和彩色铅笔。 拓展活动（分蛋糕游戏）：1张代表蛋糕的大圆纸片、一些小圆纸片，以及一些小标签（标签的数量等于或者大于孩子的数量），放在盒子中。

活动组织
第一至三阶段和拓展阶段（讨论）：孩子们和教师围成一圈，坐在高度相同的椅子上，以便平等地倾听和互动。 拓展活动（集体作画）：孩子们一起坐在地上（教室里或其他合适的场地），一起完成一幅画作。 拓展活动（分蛋糕游戏）：孩子们一起坐在地上（教室里或其他合适的场地），一起做一个有关蛋糕的角色游戏。

第一阶段　活动开始，准备蜡烛或沙漏（5分钟）

让孩子们围坐成一圈，宣布开始今日的哲学工坊。

把蜡烛或沙漏放在圆圈中间。

先让孩子们回忆"黄金法则"，然后集体总结前一节课的内容（仅在必要的情况下才可以翻看哲学笔记）。

第二阶段　主题讨论（45分钟）

借助于"苏格拉底"玩偶，向孩子们宣布今日问题："不同还是不平等？"，并补充道："在前一节课中，我们看到人类有很多的共同点，但彼此之间也有很多的不同之处。有时候，这些不同之处不被看作一种财富，而是一种问题。比如，人们会在权利上不一致（也就是大家并未享有同样的权利），即不平等，你们能举出一些例子吗？"

让孩子们积极思考，并举手发言，用论据论证自己的观点。

教师自己或者事先指定一个孩子（7—11岁）作为课堂记录员，在黑板上做笔记，记录讨论的关键点。

孩子们可能给出的答案如下所示。

- 例如，有时候我们仅仅因为一个人的肤色与众不同而攻击他。
- 在过去的一些时候，黑人们会被雇主当作奴隶而失去自由。
- 第二次世界大战期间，犹太人被迫害。
- 男孩们有时候自认为比女孩们聪明。
- 男性的工资比女性的工资高。
- 世界上只有很少的富翁，但有很多的穷人。
- 残疾人不能像普通人一样从事各种职业。

启发性问题案例：

- "不同"和"不平等"的概念一样吗？你们可以说说它们的不同之处吗？
- 你们可以给出一些代表"不同"和"不平等"的例子吗？
- "不同"会在某些时候转化为"不平等"吗？
- 在你们看来，把"不同"转化为"不平等"是对的吗？
- 不公正和不平等之间有什么不同吗？
- 种族主义是什么？性别主义呢？
- 不平等和歧视之间有不同之处吗？你们可以举几个例子吗？
- 在一个和你们不一样的人面前，你们会如何做？
- 尊重是什么？宽容呢？

请孩子们将今日问题抄写（或者粘贴）在自己的哲学笔记里，并让已

经会读写的孩子记下自己的心得。

在不断激励孩子们思考的同时,教师应引导并陪伴孩子们完成问题化和概念化的过程,从而让他们能够区分"不同""不平等""不公正"和"歧视"的概念。也可以让他们初步探讨一下"尊重"和"宽容"的概念,同时要一如既往地鼓励孩子们通过举正例和反例的方式证明自己的观点,培养他们的论证能力。

小贴士(9—11 岁儿童适用):歧视是指基于某种偏见或者成见而形成的对他人的否定,是以不合理的方式在人与人之间制造差异,可分为以下几种:

> 种族主义——认为人类根据肤色可分为不同的种族,其中某些人种优越于其他人种;
> 性别主义——宣扬一个性别优于另一个性别;
> 歧视残疾——因某人的肉体或精神残疾而否定他;
> 仇外主义——因某人是外国人而仇视他;
> 反犹太主义——因某人是犹太人而歧视对方。

集体定义示例:不平等

不平等是指人类并不享有相同的权利这一事实。歧视,则是指基于错误的理由(如肤色、信仰、性别和年龄等)刻意区别对待他人而造成不平等的事实。然而,不是所有的不平等(比如贫富差距)都是由歧视造成的(例如,在很多时候,气候、政治等因素也会产生重大的影响)。

让孩子们将集体总结的定义抄写(或者粘贴)在自己的哲学笔记里。

第三阶段 总结(10 分钟)

请 6—7 岁的孩子们围绕今日问题"不同还是不平等?"画一幅画;

7—11岁的孩子们则可以在他们的哲学笔记里画一画（或者写一写）他们的思考内容，以及由集体讨论引申出的个人问题。

鼓励孩子们自愿在大家面前分享自己的所画或所写。

口头总结本次活动的核心内容（由孩子们或教师完成）。

最后，向孩子们提问："你们对本次哲学工坊感受如何？"请孩子们依次发言。

拓展活动：30~60分钟

小贴士： 此环节活动可视情况延后开展。

请孩子们简要总结前面所讨论的内容，尽量不要翻看哲学笔记。

根据孩子们的年龄和积极性，从以下三项活动中选择一项。

集体作画

让孩子们通过一起做一个艺术小游戏来拓展他们对于主题的探讨。

孩子们在教室中间的地上围坐成一圈，一起围绕今日问题"不同还是不平等？"创作绘画作品。

本次活动的内容是：让孩子们在大张的白纸上同时沿着内外两个圈绘画，内圈画手牵手的孩子们，外圈画手牵手的大人们。也就是说，每个孩子需要在内外圈分别画一次：第一次，孩子们画上作为儿童的自己，以及自己和别人的不同（由孩子们选择自己和别人显著不同的那些地方）；第二次，他们需要画出自己想成为的大人——尽管在成长为大人的道路上会遇到一些不公或歧视。

在两个圈之间，孩子们可以添加他们认为与主题相关的或者重要的东西。这样绘画可以培养孩子们总结问题的能力（问题化）。

创作环节结束后，开展一次小小的讨论会，请孩子们总结一下他们的创作思路，以及自己在绘画过程中思考的问题。

口头总结本次活动的核心内容（由孩子们或教师完成）。

最后，向孩子们提问："你们对本次哲学工坊感受如何？"请孩子们依次发言。

教师可将孩子们的集体画作放在教室或走廊里展出几日，也可将其照片发布在班级的网络平台上，作为记录留存。

小贴士：本次活动的主要目的是帮助孩子们通过趣味游戏理解"不同"和"不平等"的概念，同时培养他们的问题化、概念化和论证的能力。

分蛋糕游戏（8—11岁儿童适用）

理想的情况是以小组（每组12个孩子左右）的形式完成游戏。

事先准备好一张代表蛋糕的大圆纸片、一些小圆纸片和小标签（标签的数量等于或者大于孩子的数量），将它们放在盒子中，分别代表不同的角色。

孩子们围坐在"大蛋糕"周围，每个人面前放着自己的"小蛋糕"。

随后，请每个孩子任意抽取一个标签放在自己的面前。

标签示例

我好饿！	我不饿！	我饿，可我超重了！	我想把我那份蛋糕分给别人。
我运动量大，我要吃一份大的蛋糕！	我想吃掉所有蛋糕！	我有糖尿病，我不能吃蛋糕！	我不想吃！
我每天都吃蛋糕！	我父母太穷了，从来没给我买过蛋糕！	我不想蛋糕被切开！	我偷了一块蛋糕……
我已经三年没吃过蛋糕了！	我早上吃了很多，但是还是很饿！		

在孩子们读完标签后，让他们思考一个问题："我该如何分蛋糕？"

在安静地思考一段时间之后，请每个孩子在充分考虑他人需求的情况

分蛋糕游戏[1]（9—10岁儿童作）

下切分自己的蛋糕（可用彩色铅笔代替刀，画出不同的切分方法）。

也可以提出另一个问题："我能平均切分这块蛋糕吗？"

孩子们切好蛋糕后，根据各自的选择展开讨论。教师应鼓励孩子们提供论据（或例子），以捍卫自己的选择。随后，可以让他们提供一些反例，以便最终放弃最初的假设或对其进行修正。

可以找到所有人都认可的方案吗？如果可以，让孩子们在大蛋糕上再现他们的切分方法，并且在教室里展示出来（也可以将其张贴在走廊里，或者发布在班级的网络平台或者日志上），并且将标签分别贴在相应的那块蛋糕上。其标题为"我该如何分蛋糕？"。

如果大家未能就切分方案达成一致，那么可让每个孩子将自己的切分方法贴在自己的哲学笔记里。

围绕"我该如何分蛋糕？"这一问题，请已经会读写的孩子们在哲学笔记里画一画（或者写一写）他们的思考内容。

口头总结本次活动的核心内容（由孩子们或教师完成）。

最后，向孩子们提问："你们对本次哲学工坊感受如何？"请孩子们依次发言。

道德困境：平等还是公平？（9—11岁儿童适用）

小贴士：道德困境指的是迫使人们做出选择的情境或难题，这种选择往往会导向两种道德体系的冲突。在道德困境中，我们不会问"你会怎么

---

[1] 图中文字的大意为"我是一个爱好美食的人，我要更大块的蛋糕""我是一个体育运动员，我要更大块的蛋糕"。——译者注

做？"，而是"你应该怎么做？"。

为了让孩子们更好地感受"平等还是公平？"这一道德难题，教师可以给孩子们提供以下情境，并确保他们都理解情境所蕴含的含义。

> 路易丝举办了一场生日宴会。在所有收到邀请的孩子中，有一位叫"安托万"的小朋友。他很饿，因为他的父母很贫穷，没有钱买足够的食物。路易丝知道这个情况。在切蛋糕的时候，她很犹豫要不要给安托万切一块更大的蛋糕。

难题：路易丝该怎么做？

在集体讨论之前，给孩子们留出思考的时间。

可以遵循以下思路展开讨论：路易丝应该均分蛋糕还是应该分给最穷的安托万更大的一块蛋糕？

小贴士：在这个道德困境中，两种道德原则发生了冲突：一种是平等原则，即分给每人同样大小的蛋糕；另一种是公平原则，旨在弥补先决的不平等情况（比如给最穷的孩子一块更大的蛋糕）。亚里士多德在他的《尼各马可伦理学》一书中将"公平"定义为"高于律法的正义"，是对法律的一种匡正。法律因其普适性，无法将特殊个例（即"不平等"）纳入考量。也就是说，法律对每个人来说都是一样的，尽管人们处于各种不同的境地，而这种不同的境地往往是由他们所拥有的不同的初始条件和能力造成的。

在讨论中，教师应鼓励孩子们提供论据（或例子），以捍卫自己的选择。随后，可以让他们举一些反例，以便最终放弃最初的假设或对其进行修正。

请已经会读写的孩子在哲学笔记里抄写（或者粘贴）这个道德困境，并写下自己的心得。

口头总结本次活动的核心内容（由孩子们或教师完成）。

最后，向孩子们提问："你们对本次哲学工坊感受如何？"请孩子们依次发言。

活动 3 女孩还是男孩？

活动时长
30~75 分钟。
材料准备
第一、二阶段：1本哲学笔记、1支蜡烛（在安全规定允许的情况下）或1个沙漏。 拓展活动：玩具产品目录。
活动组织
第一、二阶段：孩子们和教师围成一圈，坐在高度相同的椅子上，以便平等地倾听和互动。 拓展活动：孩子们以男女混合的小组形式围坐于随意摆放在教室中的桌子旁。

第一阶段　活动开始，准备蜡烛或沙漏（5分钟）

让孩子们围坐成一圈，宣布开始今日的哲学工坊。

把蜡烛或沙漏放在圆圈中间。

先让孩子们回忆"黄金法则"，然后集体总结前一节课的内容（仅在必要的情况下才可以翻看哲学笔记）。

第二阶段　主题讨论（25分钟）

借助于"苏格拉底"玩偶，向孩子们宣布今日问题："女孩还是男孩？"，随后继续提问："女孩与男孩之间有哪些不同之处？又有哪些相似之处？"

让孩子们积极思考，并举手发言，用论据论证自己的观点。

教师自己或者事先指定一个孩子（7—11岁）作为课堂记录员，在黑板上做笔记，记录讨论的关键点。

孩子们可能给出的答案如下所示。

- 男孩和女孩有区别，女孩的头发更长一点。
- 男孩也可以留长头发，女孩也可以剪很短的头发。
- 男孩喜欢踢足球，女孩喜欢玩娃娃。
- 有时候，男孩和女孩也会一起玩，虽然不是很经常。
- 男孩和女孩的性别不同。
- 女孩可以穿裙子。
- 有些国家的男孩也穿裙子！
- 男孩的力气更大。
- 男孩和女孩都是人类。

启发性问题示例：

- 女孩和男孩之间有哪些不同之处？又有哪些相似之处？
- 有没有什么活动是女孩喜欢的，而男孩不喜欢呢？（反过来呢？）
- 有没有什么职业是只有女孩可以做的，而男孩不可以做？（反过来呢？）
- 总是这样吗？（比如在不同的时代、国家或者环境里？）
- 女孩和男孩之间的不同（也可以拓展为人类之间的不同）会导致他们享有不同的权利吗？为什么呢？
- 在现实生活中，女孩和男孩的境况是什么样的？你们可以举出一些例子吗？有反例吗？

请孩子们将今日问题抄写（或者粘贴）在自己的哲学笔记里，并让已经会读写的孩子记下自己的心得。

让孩子们提供论据、正例或者反例来论证他们的观点。

> **拓展活动：30~45 分钟**

小贴士：此环节活动可视情况延后开展。

分析玩具产品目录，破除性别成见

小贴士：本次活动的目的如下所示。

> 帮助孩子们辨别玩具广告中存在的关于性别的刻板印象。
> 帮助孩子们理解这种性别成见的起因和后果（比如男女之间程式化的角色分配和行为特点等）。
> 帮助孩子们学会打破性别成见，自由地发展身心。

让孩子们四五人组成一组（男女混合），围坐在随意摆放在教室中的桌子旁。

给每个小组分发两张玩具广告宣传册里带有性别成见内容的页面，例如一张"男孩玩具"产品目录和一张"女孩玩具"产品目录。

提出以下问题，并将其写在黑板上：

- "男孩玩具"和"女孩玩具"有什么不同吗？
- 想象一下，如果将这些广告中女孩和男孩的位置调换一下，会有什么效果？
- 你们觉得，为女孩设计的玩具会吸引男孩吗？反过来呢？
- 看到这些广告，你们认为这些玩具是以中性的方式呈现的吗？还是有倾向性的，比如鼓励女孩玩某些玩具，鼓励男孩玩另一些玩具？可以说说为什么吗？

让孩子们仔细观看玩具产品目录并积极参与小组讨论。随后，每个小组指定一个发言人总结本组的讨论内容，回答教师提出的问题。教师一如既往地帮助孩子们学会论证自己的观点。之后，也可以进行一次集体大讨论。

口头总结本次活动的核心内容（由孩子们或教师完成）。

最后，向孩子们提问："你们对本次哲学工坊感受如何？"请孩子们依次发言。

活动 4　正常还是不正常？

活动时长
45~60 分钟。
材料准备
第一阶段：1 本哲学笔记、1 支蜡烛（在安全规定允许的情况下）或 1 个沙漏。 第二阶段：彩色铅笔、水彩颜料、毛毡和 A3 大小的白纸。
活动组织
第一阶段和拓展活动：孩子们和教师围成一圈，坐在高度相同的椅子上，以便平等地倾听和互动。 第二阶段：孩子们在桌子旁就座，进行艺术实践活动。

第一阶段　活动开始，准备蜡烛或沙漏（5 分钟）

让孩子们围坐成一圈，宣布开始今日的哲学工坊。

把蜡烛或沙漏放在圆圈中间。

先让孩子们回忆"黄金法则"，然后集体总结前一节课的内容（仅在必要的情况下才可以翻看哲学笔记）。

第二阶段　主题讨论（40 分钟）

小贴士：本次活动不以评价孩子们的艺术创作能力为目的，而是根据"整全法"引导孩子们对"正常"这一概念进行质疑和探索。

借助于"苏格拉底"玩偶,向孩子们宣布今日问题:"正常还是不正常?",并将其写在黑板上。

给每个孩子发一张白纸,请他们将白纸对折(对折方向自选)。

第一步:画一些"不正常"的事物(10分钟)

让孩子们在对折后白纸的一边画上一些他们认为"不正常"的事物(可以是一个人、一个具体的或者抽象的物品、一种情境、一种动物等)。孩子们可以选择自己喜欢的美术用具和绘画手法,同时要思考(但不要说出来)能够将自己所画的事物与本次活动所探讨的主题联系起来的论据。

第二步:画一些"正常"的事物(10分钟)

请孩子们在前一张画的基础上发挥想象,在另一半白纸上将所画的"不正常"的事物变为"正常"的事物。孩子们可一如既往地选择自己喜欢的绘画方式和工具,并思考(但不要说出来)能够将自己所画的事物与本次活动所探讨的主题联系起来的论据。

以上两个步骤的意义在于训练孩子们概念化(即学会通过绘画来表现"不正常"和"正常"的概念)和论证(即找到论证方法,将概念和自己所画的内容联系起来)的能力。

第三步:比较两幅画,引出核心问题(20分钟)

让孩子们依次阐释自己的画作,并论述他们的创作思路(即陈述自己的论据),在教师的引导下,找到将两幅画(也就是"正常"与"不正常")联系起来的核心问题(以提问的方式)。

本环节主要训练孩子们的论证能力和问题化(发现问题)能力。

最初,在孩子们还没有养成哲学思考的习惯时,教师的引导作用非常关键。孩子们在对两幅画进行比较的基础上,试着提出一个哲学问题,这里包含着两项挑战:第一是提炼出一个好的核心问题,第二是用哲学语言表达出来。

作品示例如下。

9—10 岁儿童的画作

正常：妈妈允许自己的女儿留在家里。（左图）

不正常：妈妈强迫自己的女儿去博物馆。（右图）

核心问题：家长替孩子做决定是合理的吗？

10—11 岁儿童的画作

正常：一幅有颜色的画和一台有颜色的电视机。（左图）

不正常：一幅没有颜色的画和一台没有颜色的电视机，水从画和电视机里流了出来。（右图）

核心问题：不可能的事情就是不正常的吗？

10—11 岁儿童的画作

不正常：人们在嘲笑一个一条腿打了石膏的女孩。（左图）

正常：人们试图帮助一个一条腿打了石膏的女孩。（右图）

核心问题：嘲笑一个与自己不同的人是正常的吗？

10—11 岁儿童的画作

不正常：橘色的天空和蓝色的太阳。（左图）

正常：蓝色的天空和橘色的太阳。（右图）

核心问题：为什么在想象中可以存在的事物，在现实中却被视为不正常呢？

萨拉（10—11岁组）的画作　　　　　　　10—11岁儿童的画作

正常：一只鸟自由自在。（左图）
不正常：一只鸟被关在笼子中。（右图）
核心问题：剥夺动物的自由是正常的吗？

不正常：天花板上挂着自行车的零部件、落地灯和一台糖果贩售机。（左图）
正常：一辆零件完整且摆放正常的自行车。（右图）
核心问题：正常是构造出来的吗？

拓展活动：15~30分钟

小贴士：紧随上一环节（第二阶段　主题讨论）开展本次活动。

围绕"正常"这一概念进行主题讨论

汇总孩子们在上一环节提出的各种问题，并将其列在黑板上。随后，让孩子们投票选出一个问题（每个孩子须闭着眼睛投票，仅可投一次且不可投自己提出的问题）。

小贴士：根据孩子们的积极性和活动时长，也可以通过协商的方式决定大家想展开讨论的问题。孩子们可以说说自己为什么想选择这个问题进行讨论。理想的情况是孩子们能够在讨论结束时，根据各方的论述综合出

一个统一的选择①。

所选问题示例：
- 正常是构造出来的吗？

孩子们可能给出的答案如下所示。
- 是的，因为总需要有人站出来说"这正常"或"这不正常"。
- 需要好几个人才行，一个人决定不了什么是正常的。
- 不，有时候，书会告诉我们什么是正常的。
- 没错，不过书也是人写的。

启发性问题示例：
- 你们能不能举一些"正常"的人、事物或者情境的例子？
- 你们可以说说为什么吗？
- 你们认为某个不正常的人或者不正常的事件，对于所有人而言都是不正常的吗？
- 谁可以决定什么是"正常"的？
- 是什么让人们说出"这不正常"？
- 我们与别人相比总是正常或者不正常的吗？
- 在一个国家或者一个时代被认为是正常的事情，在别处或者别的时代会被认为是不正常的吗？

口头总结本次活动的核心内容（由孩子们或教师完成）。

最后，向孩子们提问："你们对本次哲学工坊感受如何？"请孩子们依次发言。

---

① 此步骤主要取材于儿童哲学之父马修·李普曼的方法论，他认为哲学问题会在孩子们进行集体阅读之后自然浮现，而"整全法"的提出者认为孩子们需要通过艺术实践或者肢体体验才能学会提出问题。

活动 5　人类和其他动物一样吗？

活动时长

45~60 分钟。

材料准备

第一、四、五阶段：1 本哲学笔记、1 支蜡烛（在安全规定允许的情况下）或 1 个沙漏。

第二、三阶段：硬纸板、剪刀、胶水、不同颜色的油彩、毛毡、彩色铅笔、彩色马克笔和若干张 A3 大小的白纸。

拓展活动：一张大白纸和彩色马克笔。

活动组织

第一、四、五阶段：孩子们和教师围成一圈，坐在高度相同的椅子上，以便平等地倾听和互动。

第二、三阶段和拓展活动：孩子们在桌子旁就座，进行艺术和写作实践活动。

第一阶段　活动开始，准备蜡烛或沙漏（5 分钟）

让孩子们围坐成一圈，宣布开始今日的哲学工坊。

把蜡烛或沙漏放在圆圈中间。

先让孩子们回忆"黄金法则"，然后集体总结前一节课的内容（仅在必要的情况下才可以翻看哲学笔记）。

第二阶段　制作动物印章（20 分钟）

借助于"苏格拉底"玩偶，向孩子们宣布今日问题："人类和其他动物一样吗？"，并将其写在黑板上。

帮助孩子们根据以下步骤制作动物印章。

1. 选择一种动物，在一张 15 厘米×15 厘米的硬纸板上画出它的轮廓。

2. 沿轮廓剪下（或者请教师帮忙剪下）"动物"。
3. 在一张白纸上画两个 5 厘米 × 2 厘米的长方形。
4. 孩子们自己或者在教师的帮助下剪下长方形，并沿着长方形的长边将其对折。
5. 将每个长方形对折后的一半贴在动物形状的硬纸板背后，作为印章的手柄。
6. 在动物形状的硬纸板上，为"动物"上色。
7. 将涂好的一面立刻盖在 A3 大小的白纸上，留下印章图案。
8. 等待图案晾干。

第三阶段 不同情境下的动物（10 分钟）

在等待图案晾干期间，让孩子们想象自己喜欢的动作或者活动（这个动作或活动须以印章上的动物为主体），并将其画在盖了印章的白纸上。

孩子们还可以用彩色马克笔给动物添上细节（如眼睛、鼻子、毛发、羽毛和爪子）。

小贴士：本次活动不以评价孩子们的艺术创作能力为目的，而是根据"整全法"引导孩子们进行质疑和探索。特别是，在所选动物和给它们安排的动作（动物的"情境"）之间的对比中，可以引申出以下问题：

> 人类与自然界的其他动物有什么不同吗？
> 人类和自然界的其他动物从事相同的活动吗？
> 人类和自然界的其他动物具有相同的能力吗？有同样的喜好吗？
> 我们能够谈论自然界中其他动物的"喜好"吗？

可将这些问题记录下来，用于后续的拓展活动。

第四阶段 主题讨论（20 分钟）

借助于"苏格拉底"玩偶，再一次提醒孩子们今日问题："人类和其他动物一样吗？"，并继续提问："联系刚才的手工实践活动，谁已经有了一些想法？"

让孩子们积极思考，并举手发言，用论据论证自己的观点。

教师自己或者事先指定一个孩子（7—11岁）作为课堂记录员，在黑板上做笔记，记录讨论的关键点。

孩子们可能给出的答案如下所示。

- 人类比动物更聪明。
- 也有特别聪明的动物，比如海豚，动物可不笨！
- 有些事情动物能做，但人不行，比如鸟会飞、猫可以从很高的地方跳下来。
- 动物不会说话，也不会写字。
- 大部分的动物不会写字，是因为它们没有手指头。
- 有些动物很坏。
- 不，人面对其他人时才比较坏，人对其他动物也很坏。
- 动物不会很坏，因为它们不是故意伤害别人的。

启发性问题示例：

- 你们同意"人也是一种动物"这样的说法吗？为什么？
- 人和其他动物之间有什么区别？你们可以举例说一说吗？
- 人和其他动物之间有什么相似之处吗？也请举例说一说。
- 动物也有情感吗？
- 它们聪明吗？
- 动物会说话吗？
- 动物能相互交流吗？
- 说话和交流之间有什么不同吗？
- 你们可以举个表明动物之间也有语言交流的例子吗？
- 动物世界有"文化"一说吗？
- 动物也会遵循规则吗？你们可以说说理由吗？

- 欲望和本能之间有什么区别？
- 动物能够轻易地克制住自己的欲望吗？人类呢？你们知道为什么吗？
- 我们可以认为某种动物是坏的吗？

请孩子们将今日问题抄写（或者粘贴）在自己的哲学笔记里，并让已经会读写的孩子记下自己的心得。

让孩子们提供论据、正例或者反例来论证他们的观点。

小贴士：法国《民法典》（Le Code civil）曾在很长一段时间里将动物视为物品（"动产"），直到2015年，法国议会正式认可了动物是一种"具有感知能力的活体生物"。

第五阶段 总结（5分钟）

口头总结本次活动的核心内容（由孩子们或教师完成）。

最后，向孩子们提问："你们对本次哲学工坊感受如何？"请孩子们依次发言。

教师可将孩子们制作的成品汇集到一张大白纸上，将其放在教室或走廊里展出几日，也可将其照片发布在班级的网络平台上，作为记录留存。

拓展活动：30~45 分钟

小贴士：此环节活动可视情况延后开展。

围绕艺术实践活动提出问题

请孩子们简要总结前面所讨论的内容，尽量不要翻看哲学笔记。

以前面的艺术实践活动为基础，根据"整全法"让孩子们提出关键问题，并将其写在一张大白纸上，将这张纸和盖有印章的白纸一起张贴起来。

教师记录6岁左右的孩子们提出的问题。

问题示例：
- 动物会踢足球吗？
- 人类和其他动物之间有哪些不一样的地方？
- 动物有自己的休闲时间吗？
- 动物也要工作吗？
- 在动物界，也有"活动"一说吗？
- 动物有相同的能力吗？
- 动物有相同的喜好吗？

口头总结本次活动的核心内容（由孩子们或教师完成）。

最后，向孩子们提问："你们对本次哲学工坊感受如何？"请孩子们依次发言。

活动 6　动物之舞

活动时长
45~60 分钟。
材料准备
第一、三、四阶段：1 本哲学笔记、1 支蜡烛（在安全规定允许的情况下）或 1 个沙漏。
活动组织
第一、三、四阶段和拓展活动：孩子们和教师围成一圈，坐在高度相同的椅子上，以便平等地倾听和互动。 第二阶段：孩子们站在教室中间（或者其他合适的场地），一起玩"动物之舞"艺术小游戏。

第一阶段　活动开始，准备蜡烛或沙漏（5分钟）

让孩子们围坐成一圈，宣布开始今日的哲学工坊。

把蜡烛或沙漏放在圆圈中间。

先让孩子们回忆"黄金法则"，然后集体总结前一节课的内容（仅在必要的情况下才可以翻看哲学笔记）。

第二阶段　动物之舞（30分钟）

借助于"苏格拉底"玩偶，向孩子们宣布今日问题："动物之舞"，并将其写在黑板上。

请孩子们选择六种动物（须选择六种行走动作不同的动物），并即兴编排一支"动物之舞"。

可以向孩子们建议多种动物，然后让其通过协商选出其中六种，如果商议不决，最后可以投票选择。

可供选择的动物：

- 大象；
- 兔子；
- 马；
- 蜗牛；
- 燕子；
- 鲤鱼。

让孩子们描述每种动物是如何行进的。

孩子们可能给出的答案如下所示。

- 大象的脚步特别重，走路的时候，鼻子左甩右甩的。
- 兔子会双脚并拢蹦蹦跳跳地前进。
- 马会奔跑，而且跑得特别快。
- 蜗牛会拖着壳很慢很慢地爬行。

- 燕子会张开翅膀飞行。
- 鲤鱼游动的时候会摆动鱼鳍，而且嘴巴一张一合的。

在描述完毕之后，让孩子们选择一种动物，并用舞姿表现出它的行进步伐。可将孩子们分为六组进行彩排训练，让他们一点点地琢磨动作的细节。当孩子们准备完毕之后，请所有的"动物们"一起站到舞台中间表演排练好的舞蹈。让孩子们思考并选择集体舞蹈的方式：是所有的动物一起跳舞，还是一组一组地轮流跳舞？是排成一排跳舞，还是散布在教室之中随意起舞？大家决定之后，就开始舞动吧！

小贴士：本次活动不以评价孩子们的舞蹈创作能力为目的，而是根据"整全法"引导孩子们进行质疑和探索。在这里，教师让孩子们寻找合适的动作，以活跃思维，为下一阶段的活动做好准备。

第三阶段 提问时间（15分钟）

借用"苏格拉底"玩偶，再一次提醒孩子们今日问题："动物之舞"，并提问："刚才的舞蹈有没有让你们感到吃惊的地方，你们有什么想法或疑问吗？"

让孩子们积极思考，并举手发言，用论据论证自己的观点。

教师自己或者事先指定一个孩子（7—11岁）作为课堂记录员，在黑板上做笔记，记录讨论的关键点。

孩子们可能给出的答案如下所示。

- 在现实世界中，动物其实是不跳舞的，只有在动画片里，动物才跳舞。
- 只有人类才会跳舞。
- 为什么动物不跳舞？
- 动物会玩耍吗？
- 马戏团里的动物是真的在跳舞吗？
- 动物会模仿人类吗？

请孩子们将今日问题抄写（或者粘贴）在自己的哲学笔记里，并让已经会读写的孩子记下自己的心得。

第四阶段　总结（10分钟）

请6—7岁的孩子们围绕今日问题"动物之舞"画一幅画；7—11岁的孩子们则可以在他们的哲学笔记里画一画（或者写一写）他们的思考内容，以及由集体讨论引申出的个人问题。

鼓励孩子们自愿在大家面前分享自己的所画或所写。

口头总结本次活动的核心内容（由孩子们或教师完成）。

最后，向孩子们提问："你们对本次哲学工坊感受如何？"请孩子们依次发言。

拓展活动：15~30分钟

小贴士： 此环节活动可视情况延后开展。

孩子们选择一个问题进行集体讨论

请孩子们简要总结前面所讨论的内容，尽量不要翻看哲学笔记。

让孩子们从"动物之舞"活动中总结出一些问题，并从中选出一个问题进行讨论，如果最终选择用投票的方式确定想讨论的问题，就要让孩子们闭着眼睛投票，仅投一次且不可以投自己提出的问题。

小贴士： 在选择问题的过程中，孩子们已经在通过举正例和反例来支持或者反对选择某个问题。这种讨论实际上已经为哲学讨论提供了基础，并且可以很好地锻炼孩子们的论证能力。

一旦选定问题，便可以开始讨论。

所选问题示例：

- 为什么动物不跳舞?

孩子们可能给出的答案如下所示。
- 不是所有的动物都有爪子。
- 因为动物不能休闲娱乐。
- 动物没有节奏感。
- 因为是人类发明了音乐,所以只有人类才能跳舞。
- 某些鱼类或者鸟类会在求偶期跳某种形式的舞蹈。

启发性问题示例:
- 动物会娱乐吗?
- 舞蹈是否与娱乐紧密相关?
- 人类跳舞是想表达什么?
- 动物能感受到情绪吗?
- 在欣赏舞蹈时,人与动物的感受是一样的吗?

口头总结本次活动的核心内容(由孩子们或教师完成)。

最后,向孩子们提问:"你们对本次哲学工坊感受如何?"请孩子们依次发言。

活动 7　共同生活容易吗?

活动时长
45~60分钟。

> **材料准备**
>
> 第一至三阶段：1本哲学笔记、1支蜡烛（在安全规定允许的情况下）或1个沙漏。
> 拓展活动（艺术实践）：白纸、A3大小的透明临摹纸、彩色铅笔。
>
> **活动组织**
>
> 第一至三阶段和拓展活动（讨论）：孩子们和教师围成一圈，坐在高度相同的椅子上，以便平等地倾听和互动。
> 拓展活动（艺术实践）：孩子们在桌子旁就座，进行临摹活动。
> 拓展活动（游戏）：孩子们站在教室中间（或其他合适的场地），一起完成"活雕塑"表演[1]。

第一阶段 活动开始，准备蜡烛或沙漏（5分钟）

让孩子们围坐成一圈，宣布开始今日的哲学工坊。

把蜡烛或沙漏放在圆圈中间。

先让孩子们回忆"黄金法则"，然后集体总结前一节课的内容（仅在必要的情况下才可以翻看哲学笔记）。

第二阶段 主题讨论（30分钟）

借助于"苏格拉底"玩偶，引出关系到"相似还是不同？"这个本章核心问题的子命题："共同生活容易吗？"，并将其写在黑板上。

让孩子们积极思考，并举手发言，用论据论证自己的观点。

教师自己或者事先指定一个孩子（7—11岁）作为课堂记录员，在黑板上做笔记，记录讨论的关键点。

孩子们可能给出的答案如下所示。

◆ 简单又不简单，有时候人们也会吵架。

◆ 看情况，当一个人想自己待着却又被迫和别人待在一起的时候，会

---

[1] 一种艺术表现形式，通常由真人摆出特定的姿势，模仿著名的绘画、雕塑或历史场景，形成一种静止的、戏剧化的画面。这种形式结合了视觉艺术和表演艺术，强调对细节的精确还原，包括服装、道具、灯光和布景。——译者注

很难受。
- 有些人不是很宽容，所以，这并不容易。
- 这取决于在哪个国家，在有战争的地方，这会很难。
- 总体而言，这是容易的，比如，我们有家庭，还会一起上学。
- 如果大家都很相似，那么生活在一起就比较容易；如果大家性格不同，那么就会更有趣一些。
- 当存在"不平等"的时候，共同生活就会不容易。
- 如果人人都有相同的权利，那么生活在一起就会容易一些。

启发性问题示例：
- 在你们看来，"一起生活"是指和谁一起？
- 有没有规矩可以使家庭和睦？在学校里呢？
- 你们可以举几个例子吗？反例呢？
- 你们在家里学到的规矩，适用于其他场合或者群体吗？
- "礼貌""互助""尊重""团结"，这些概念有什么不同呢？
- 你们觉得自己属于哪里：家庭、学校、祖国，还是这个星球呢？
- "共同生活"是指和他者一起生活，这个"他者"仅指人类吗？还是包含了其他动物和植物？
- 为了更好地共同生活，你们有什么建议吗？

请孩子们将今日问题抄写（或者粘贴）在自己的哲学笔记里，并让已经会读写的孩子记下自己的心得。

集体定义示例：共同生活

共同生活是指和他人一起生活。为了更好地共处，我们需要做到以下方面。

尊重：对他人或者某个事物秉持尊敬和欣赏的态度。

礼貌：在教育中习得的生活准则，它是尊重的外在体现，主要通过一些用语表现出来，比如"请""谢谢""您好"。

互助：一种协作，也就是说，为了达到某种共同的目的而一起行动和努力。

团结：因共同命运而被联系在一起的人们互相承诺和联结，它是博爱的一种表现。

宽容：接受与自己所持有的不同的意见、信仰和生活习俗等。

请孩子们将大家共同得出的定义抄写（或者粘贴）在自己的哲学笔记里。

在不断激励孩子们思考的同时，教师应引导并陪伴孩子们完成问题化和概念化的过程，从而让他们能够区分各种"共同生活"（家庭生活、学习生活、城市生活和国家生活等）的概念，了解有助于人们和谐共处的行为举止和态度（礼貌、互助、尊重、团结和宽容）。教师也可以让孩子们讨论"公民"的概念，同时一如既往地鼓励孩子们通过举正例和反例的方式证明自己的观点，培养他们的论证能力。

第三阶段　总结（10分钟）

请6—7岁的孩子们围绕今日问题"共同生活容易吗？"画一幅画；7—11岁的孩子们则可以在他们的哲学笔记里画一画（或者写一写）他们的思考内容，以及由集体讨论引申出的个人问题。

鼓励孩子们自愿在大家面前分享自己的所画或所写。

口头总结本次活动的核心内容（由孩子们或教师完成）。

最后，向孩子们提问："你们对本次哲学工坊感受如何？"请孩子们依次发言。

拓展活动：30~60 分钟

小贴士：此环节活动可视情况延后开展。

请孩子们简要总结前面所讨论的内容，尽量不要翻看哲学笔记。根据孩子们的年龄和积极性，从以下三项活动中选择一项。

临摹图画，探索共同生活的不同模式

小贴士：本次活动的目的是以寓教于乐的方式引导孩子们探讨有关归属感和集体生活的概念，并根据"整全法"引导孩子们发掘问题：

> 我生活在什么样的集体中？我被集体认可吗？
> 面对集体，我是如何表现的？
> 集体是怎样对待我的？

每个孩子在白纸上画出自己的小脸（高度不要超过 3 厘米），根据自己的喜好给自己的自画像上色。然后，将透明临摹纸覆盖在第一张白纸上，在自画像周围画上孩子所属的第一个集体（家庭）中成员的脸，但不要画满整张纸，然后给这些画像上色。

随后，每个孩子将另一张临摹纸覆盖在前两张纸上，画上自己所属的第二个集体（学校、城市或另一个小组），用与之前不同的颜色给这张纸上的画像上色。

如果还有剩余的临摹纸，那么可以让孩子们画上第三组集体画像，并用第三种颜色上色。

可以为每幅画加上"礼貌用语"或"背景介绍"等提示语。

口头总结本次活动的核心内容（由孩子们或教师完成）。

最后，向孩子们提问："你们对本次哲学工坊感受如何？"请孩子们

依次发言。

哑剧表演：描摹共同生活的图景

孩子们和教师一起在教室中间或其他合适的场地围坐成一圈。

向孩子们介绍接下来要玩的游戏，即通过合作完成一个"活雕塑"表演，以视觉的形式展现"共同生活"这个概念（而游戏本身就已经体现了这一概念）。

教师再次点出今日问题："共同生活容易吗？"，随后请第一位已经有想法的孩子到圆圈中间摆出一个可以表现今日问题概念的动作。

第二个有想法的孩子可以上前补充前一个孩子所做的动作（这项活动可以培养孩子的注意力）。

第三个孩子上前接续这幅"画卷"，如此循环往复，不断地丰富和补全之前孩子完成的动作。

引导孩子们展开一场简短的集体讨论，以便解释清楚所做游戏和主题概念之间的联系。

根据"整全法"锻炼孩子们不同的思维模式，尤其是概念化这一能力。让孩子们勾勒"共同生活"的图景，并用不同的动作表达这一概念。同时，也借由举正例和反例的方式论述自己所选动作与主题的联系，培养孩子们的论证能力。

口头总结本次活动的核心内容（由孩子们或教师完成）。

最后，向孩子们提问："你们对本次哲学工坊感受如何？"请孩子们依次发言。

礼貌：一把万能的钥匙 [1]

在不揭示主题的情况下，向孩子们讲述下面的故事。尽量不要照本宣

---

[1] Cf. P. Hess, *Exemple de mise en œuvre d'un enseignement de la morale à l'école élémentaire, 30 situations pédagogiques.*

科，而应面向孩子们讲述故事，并且采用契合孩子们年龄特征的语言表达方式，这样可以更好地吸引他们的注意力。

> 一位国王向所有人许诺，把自己的女儿嫁给第一个成功潜入女巫城堡的人。
>
> 有千百位勇士想完成这个挑战，他们尝试了各种各样的方法：有人试图用需要数十人才抬得动的巨大羊角破门而入；有人想用大炮击破城墙；也有人试图通过建造一个可移动的高塔，从高处跳进城堡；更有甚者试图放火烧掉城堡。他们的每次进攻都失败了，因为女巫用了一种很巧妙的法术，可以化解所有的进攻。
>
> 只有一个年轻人，不顾大众的嘲笑，独自走向城堡，没有携带任何武器。
>
> 他敲了敲城堡的大门，问道："请问，我可以进来吗？"女巫为他开了门，说道："你是第一个想通过征求我的许可进入城堡的人。"她为这位访客的到来感到无比开心，便取下面具，带领年轻人游览她的城堡，年轻人发现女巫特别有魅力。
>
> 国王的使者找到这个年轻人，告诉他，国王愿意把自己的女儿嫁给他。年轻人谢过国王，并告诉使者，自己已经决定迎娶那位女巫。
>
> ——节选自米歇尔·奥塞洛特（Michel Ocelot）的动画电影《王子与公主》（Princes et Princesses）中的《女巫》（La Sorcière）

教师在念到年轻人决定不带武器独自前往女巫的城堡的时候，可以停顿一下，并向孩子们提问："在你们看来，年轻人进入女巫的城堡之后，会发生什么？"

孩子们可能给出的答案如下所示。

◆ 年轻人会拿出一瓶魔法毒药，杀死女巫。

◆ 他会用脚踹开门，再走进去。

◆ 他会给女巫一大笔钱，让对方允许自己进去。

- ✦ 他会骗女巫，威胁她说自己是个很强大的巫师。
- ✦ 女巫会念一个咒语，然后年轻人就消失了。

将孩子们的答案抄写在黑板上，然后继续朗读故事。

故事讲完后，将作者"米歇尔·奥塞洛特"和故事的标题"女巫"写在黑板上。

采用契合孩子们年龄特征的语言表达方式，要确保孩子们能理解每个词语的含义以及故事大意。

让孩子们口头总结故事内容，并提问："根据刚才读到的故事，你们怎么理解'礼貌：一把万能的钥匙'这句话？"

鼓励孩子们提供论据（或例子），以捍卫自己的选择。随后，可以让他们举一些反例，以便最终放弃最初的假设或对其进行修正。

口头总结本次活动的核心内容（由孩子们或教师完成）。

最后，向孩子们提问："你们对本次哲学工坊感受如何？"请孩子们依次发言。

第五章

认知是什么?

本章导览

活动1　我感觉到了,意味着我知道吗?

活动2　人可以相信自己的感官吗?

活动3　从柏拉图的《洞穴之喻》到即兴戏剧

活动4　从柏拉图的《洞穴之喻》到影子戏剧

活动5　真实还是虚假?

活动6　相信还是知道?

活动7　学校有什么用?

活动 1　我感觉到了，意味着我知道吗？

活动时长

45~60 分钟。

材料准备

第一、三、四阶段：1 本哲学笔记、1 支蜡烛（在安全规定允许的情况下）或 1 个沙漏。

第二阶段：1 个装有不同材质和形状的物品（数量应等于或者多于活动参与者）的小袋子，尽可能选择真实的物品而非仿制的模型（比如玩具或照片等）。可参考如下物品：塑料纽扣、金属纽扣、被揉皱的纸团、核桃、榛子、小铃铛、杏仁、小勺子、长方形橡皮、旧光盘、钢笔、铅笔、鞋带、石头吊坠、塑料泡沫球、树叶、橘子皮和香水小样等。

拓展活动（"制作触摸板"）：与孩子们人数一致的木板（30 厘米 ×15 厘米）、棉花、铝箔纸、纽扣、毛毡、玻璃纸、塑料碎片、毛线、（装饰用的）皱纹纸、皮革和金属小物件。

活动组织

第一至四阶段：孩子们和教师围成一圈，坐在高度相同的椅子上，以便平等地倾听和互动。

拓展活动（肢体游戏）：孩子们站在教室中间（或其他合适的场地），一起完成探索感觉的肢体小游戏。

拓展活动（"制作触摸板"）：孩子们在教室中随意摆放的桌子上完成造型艺术创作活动"制作触摸板"。

第一阶段　活动开始，准备蜡烛或沙漏（5 分钟）

让孩子们围坐成一圈，宣布开始今日的哲学工坊。

把蜡烛或沙漏放在圆圈中间。

先让孩子们回忆"黄金法则"，然后集体总结前一节课的内容（仅在必要的情况下才可以翻看哲学笔记）。

第二阶段　感官抽抽乐（25 分钟）

借助于"苏格拉底"玩偶，向孩子们宣布今日问题："我感觉到了，意味着我知道吗？"，并将其写在黑板上。

请孩子们一起玩趣味小游戏"感官抽抽乐"，用到事先准备好的袋子（参见"材料准备"）。

孩子们围坐在教室中间。请一个孩子上前，在不借助于视觉的情况下，伸手触摸袋子中的一件物品，然后用手感受一下摸到的物品，和其他孩子一起听一听这个物品发出的声音。让孩子闭着眼睛把手中的物品从袋子中拿出来并感受它，猜猜自己拿到的是什么。孩子须解释为什么他觉得是这个物品（锻炼其论证能力）。在解释完原因后，孩子可以睁开眼睛，向其他孩子展示这个物品，并说出它的名称。如果不认识这个物品，那么他可以求助于其他孩子。最后，留一点时间，对孩子猜测的物品和他实际所抽到的物品进行比较，再请下一个孩子重复上述步骤，直到所有人都参与了游戏。

第三阶段　主题讨论（20 分钟）

借助于"苏格拉底"玩偶，再一次提醒孩子们今日主题："我感觉到了，意味着我知道吗？"，并继续提问："联系刚刚做过的小游戏，谁可以说说自己的想法？"

让孩子们积极思考，并举手发言，用论据论证自己的观点。

教师自己或者事先指定一个孩子（7—11 岁）作为课堂记录员，在黑板上做笔记，记录讨论的关键点。

孩子们可能给出的答案如下所示。

◆ 很好猜！
◆ 我觉得不好猜。
◆ 当我们闭着眼睛或者不能看见的时候，我们的嗅觉会更灵敏一些。
◆ 有些东西发出的声音会误导我们，最好还是去摸一摸。

- 在刚才的游戏中，我们用了触觉、听觉、嗅觉和视觉。我们也可以尝尝其中的一些物品，比如橘子皮！
- 刚才的游戏太好玩了。
- 当我们是小宝宝的时候，还不认识很多东西，只能一点点地探索事物，刚才的游戏有点像这个过程。
- 我们的感官有时候会欺骗我们！

启发性问题示例：
- 你们喜欢这个游戏吗？为什么？
- 在游戏中，你们的哪些感觉（触觉、嗅觉、视觉、听觉和没有用到的味觉）被唤醒了？
- "感知"是什么意思？
- 你们在辨别抽到的物品时使用了哪些感官？
- 你们着重使用了哪个感官？
- 你们可以解释一下为什么吗？
- 你们认识这些感官对应的身体器官吗？
- 你们认为，我们所感觉的和我们所认识的，这两者之间有什么联系吗？
- 我们的感官能让我们了解什么？是物体吗？是他人吗？还是我们自己？
- 我们可以不靠感官认识东西吗？你们可以举出例子吗？有反例吗？

请孩子们将今日问题抄写（或者粘贴）在自己的哲学笔记里，并让已经会读写的孩子记下自己的心得。

在不断激励孩子们思考的同时，教师应引导并伴孩子们养成挖掘核心问题的能力，探索"感觉"和"认知"之间的关系。同时，培养孩子们的概念化技能，帮助他们学会区分不同的感觉以及关键概念。

教师要一如既往地鼓励孩子们通过提供论据和举正例及反例的方式证

明自己的观点，培养他们的论证能力。

第四阶段　主题讨论（10分钟）

请6—7岁的孩子们围绕今日问题"我感觉到了，意味着我知道吗？"画一幅画；7—11岁的孩子们则可以在他们的哲学笔记里画一画（或者写一写）他们的思考内容，以及由集体讨论引申出的个人问题。

哲学绘画：我的感觉[1]（8—9岁儿童作）

鼓励孩子们自愿在大家面前分享自己的所画或所写。

口头总结本次活动的核心内容（由孩子们或教师完成）。

最后，向孩子们提问："你们对本次哲学工坊感受如何？"请孩子们依次发言。

---

[1] 图中文字的意思为"橘色""粉色""紫色""蓝色""灰色""爱""感受""平衡"等。——译者注

拓展活动：20~30 分钟

小贴士：此环节活动可视情况延后开展。

请孩子们简要总结前面所讨论的内容，尽量不要翻看哲学笔记。

根据孩子们的年龄和积极性，从以下两项活动中选择一项。

通过以下两个游戏探索不同的感觉

根据"整全法"将"身体"置于概念建构的核心位置的理念，向孩子们建议以下两个肢体游戏，以拓展其对于感觉的探讨。

小贴士：本次活动旨在引导孩子们探索两种不同于传统五感（即古希腊哲学家亚里士多德所定义的五种感觉：触觉、视觉、嗅觉、听觉和味觉）的感觉系统。

本体感觉

让孩子们闭上双眼，将右臂尽量前伸，然后用右手食指触摸自己的鼻尖。

孩子们可以选择坐着或者站着，随后提问："这个动作容易吗？"

一般而言，所有人都可以做到，因为我们都具有本体感觉，即感知身体各个部位相对位置的能力（此处即指右手食指相对于鼻尖的位置）。

平衡感

先让孩子们闭上眼睛，并保持单脚站立的动作，向其提问："这个动作容易吗？"

再让孩子们原地自转 20 秒，然后闭上眼睛保持单脚站立（事先准备好软垫子，以防孩子们跌倒摔伤），再次提问："这组动作容易吗？"

一般而言，在第一种情况下，人更容易保持平衡，因为人具有平衡感。这是一种可以预判"跌倒"的感觉，它能避免我们在行走时摔倒。

向孩子们解释，人类主要的平衡器官位于人的内耳，特别是内耳中的一种液体（内淋巴液），它会随着人体的运动而移动，并向大脑传递我们的运动信息。当我们快速旋转的时候，这种液体会剧烈移动，大脑会因为被这种移动扰乱，使我们感到眩晕。也正因如此，在第二种情况中，我们更难保持平衡。

最后，向孩子们提问："你们认为这两种感觉能帮助我们更好地认识我们所生活的世界，或者更好地认识自己吗？"让孩子们展开一场小讨论。

制作触摸板

根据"整全法"将"身体"置于概念建构的核心位置的理念，向孩子们建议通过制作触摸板[1]的实验活动来拓展其对于感觉的讨论。

将课桌随意摆放在教室中，在每张桌子上摆好课前准备好的道具（参见"材料准备"）。

本游戏重在让孩子们感受和比较触摸物品时的不同感觉，所以教师可以在准备材料时自由添加不同材质的东西。

让孩子们用现有的材料制作一个触摸板，可以根据自己的喜好选择想粘贴在触摸板上的物品及其粘贴的位置。

制作完毕后，教师将所有的触摸板收集起来，并将其随机分发给孩子们，让他们闭上眼睛，安静地触摸自己拿到的触摸板。

教师可以在孩子们睁开眼睛后，向他们提问："在这个游戏中，你们有什么样的体验？"让孩子们轮流回答。

继续提问："你们认为，触觉能帮助我们更好地认识我们身处的世界

---

[1] 意大利教育学家玛丽亚·蒙台梭利（Maria Montessori，1870—1952）、布鲁诺·米纳里（Bruno Munari，1907—1998）等人曾在其所提倡的教学法中，提及在孩子们的创意活动中使用"触摸板"（以此开发孩子们的触觉体验）。在理论上，我们还可以援引意大利未来主义的创始者——诗人菲利波·托马索·马里内蒂（Filippo Tommaso Marinetti，1876—1944）在20世纪初发表的宣言。在1921年，他提出了"触觉主义"理念，强调触觉在艺术欣赏领域拥有高于其他感觉（尤其是视觉）的地位，鼓励人们创造一种和谐共通的触感，以改善人与人之间的沟通。

吗？或者更好地认识自己吗？"可让孩子们就此开展一场小讨论。

可将孩子们制作好的触摸板集中摆放在教室的角落里展示几日，之后，孩子们可以将各自的作品带回家。

小贴士：本次活动不以评价孩子们的艺术创作能力为目的，而是根据"整全法"引导孩子们对"感觉"的概念进行质疑和探索。特别是引导孩子们思考触觉相对于其他几种感觉的不同作用（概念化），以及通过触觉探索主体与世界、他者与自我之间的认知关系（问题化）。

触摸板（9—10岁儿童作）

活动 2　人可以相信自己的感官吗？

活动时长

45~60分钟。

材料准备

第一、三、四阶段：1本哲学笔记、1支蜡烛（在安全规定允许的情况下）或1个沙漏，以及视觉错觉图（可从互联网上搜索并下载）。

第二阶段：用于播放视觉错觉图的投影仪（或计算机）。

拓展活动：圆形硬纸片、2段细绳、毛毡笔和打孔机。

> **活动组织**
>
> 第一、三、四阶段：孩子们和教师围成一圈，坐在高度相同的椅子上，以便平等地倾听和互动。
> 第二阶段：在教室或配备投影仪的房间，向孩子们展示视觉错觉图。
> 拓展活动：孩子们在桌子旁就座，制作留影盘。

第一阶段　活动开始，准备蜡烛或沙漏（5分钟）

让孩子们围坐成一圈，宣布开始今日的哲学工坊。

把蜡烛或沙漏放在圆圈中间。

先让孩子们回忆"黄金法则"，然后集体总结前一节课的内容（仅在必要的情况下才可以翻看哲学笔记）。

第二阶段　感官错觉（25分钟）

借助于"苏格拉底"玩偶，向孩子们宣布今日问题："人可以相信自己的感官吗？"，并将其写在黑板上。

让孩子们一起开启感官错觉体验之旅（先不告知其具体内容），并在大屏幕上播放感官错觉素材（可重复播放其中几个素材）。

声音错觉示例如下所示。

- ◆ 感觉声音变得越来越尖锐。
- ◆ 听到我们所看到的场景以及其他场景（中的声音）。

视觉错觉示例如下所示。

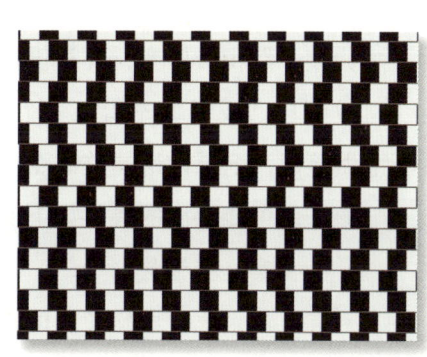

- ◆ 棋盘上的所有线条都是笔直的。

✦ 2张图片中心的圆圈大小是相同的。

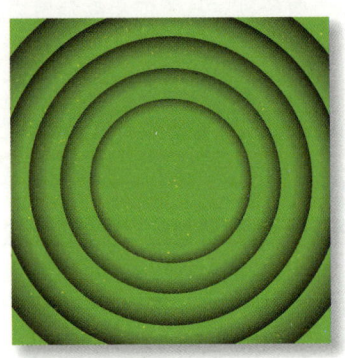

✦ 右图中的图案是静止的。

第三阶段　主题讨论（20分钟）

借助于"苏格拉底"玩偶，再一次提醒孩子们今日问题："人可以相信自己的感官吗？"，并继续提问："联系刚刚做过的小游戏，谁可以说说自己的想法？"

让孩子们积极思考，并举手发言，用论据论证自己的观点。

教师自己或者事先指定一个孩子（7—11岁）作为课堂记录员，在黑板上做笔记，记录讨论的关键点。

孩子们可能给出的答案如下所示。

✦ 我喜欢这些错觉！

✦ 有时候，我们所感受到的东西实际上并非我们想象的样子。

- 就像我们以为是太阳在运动，其实是地球在围绕太阳旋转。
- 我一般不会对看到的、听到的东西感到意外，只有错觉例外，它让我感觉受到了欺骗！
- 我不同意，我们是实实在在地看到和听到了，尽管这不一定和实际情况相符。

启发性问题示例：
- 你们喜欢这项活动吗？能说说理由吗？
- 我们的感官可以让我们认识世界吗？
- 我们的感官总是值得信赖的吗？
- 错觉和错误之间有区别吗？
- 我们可以说错觉是虚假的吗？为什么？
- 感觉和认识之间有什么联系吗？
- 知道某些真相会改变我们的认知吗？你们能举一些例子吗？
- 了解错觉的产生机制，能让我们不再"被骗"吗？

请孩子们将今日问题抄写（或者粘贴）在自己的哲学笔记里，并让已经会读写的孩子记下自己的心得。

在不断激励孩子们思考的同时，教师应引导并陪伴孩子们就"感官的可信性"和"感官在认识世界时起到的作用"提出问题，总结关键概念的定义，并对"错觉"和"错误"等概念做出区分。同时，教师要一如既往地鼓励孩子们通过举正例和反例的方式证明自己的观点，培养他们的论证能力。

第四阶段　总结（10分钟）

请6—7岁的孩子们围绕今日问题"人可以相信自己的感官吗？"画一幅画；7—11岁的孩子们则可以在他们的哲学笔记里画一画（或者写一写）他们的思考内容，以及由集体讨论引申出的个人问题。

哲学绘画：狗还是蝴蝶？（8—9岁儿童作）

鼓励孩子们自愿在大家面前分享自己的所画或所写。

口头总结本次活动的核心内容（由孩子们或教师完成）。

最后，向孩子们提问："你们对本次哲学工坊感受如何？"请孩子们依次发言。

拓展活动：20~50分钟

小贴士：此环节活动可视情况延后开展。

制作留影盘

小贴士：本次活动旨在用有趣的方式让孩子们具体感受和理解什么是"感官错觉"。

请孩子们简要总结前面所讨论的内容，尽量不要翻看哲学笔记。

请孩子们共同完成一件手工作品，以拓展其关于感觉的讨论。

大家一起制作留影盘——一种风靡19世纪的视觉错觉游戏，其原理为2张图片在视网膜上融合，被眼睛感知为一张完整的图片。

留影盘示例

1. 让孩子们在圆形硬纸片的每一面上都画上图案（两个图案在内容上是互补的关系）。例如：一只猫追赶一只老鼠（一面画猫，另一面画老鼠）；一张嘴和一双眼睛（一面画嘴巴，另一面画一双眼睛）；一只被关在笼子里的动物（一面画动物，另一面画笼子）；一个吃苹果的孩子（一面画孩子，另一面画苹果）。为了达到预期效果，最好根据两个图案之间的具体关系安排它们的位置，图像必须彼此位于圆形硬纸片的正反面。

2. 在圆形硬纸片的两端各打一个洞，将两段细绳分别穿过洞口，并打结固定。

3. 双手分别拿住两根绳子，搓动绳子，将其拧成麻花，再将绳子拉直使纸片旋转，以制造视觉错觉效果。

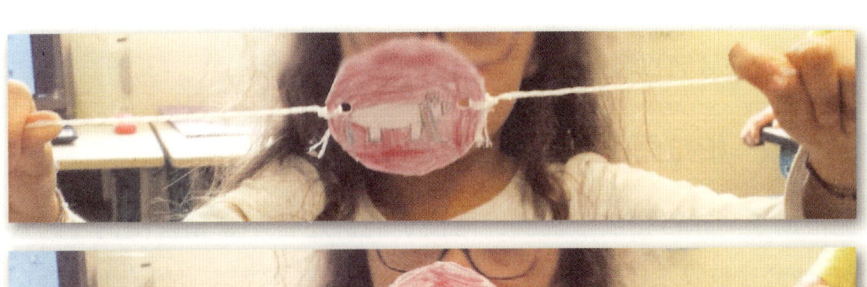
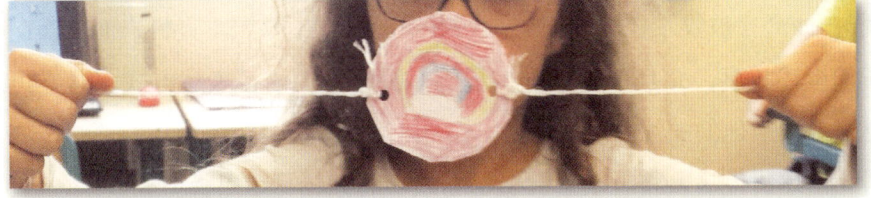

留影盘（8—9岁儿童作）

活动 3　从柏拉图的《洞穴之喻》到即兴戏剧

活动时长

45~60分钟。

材料准备

第一至三阶段：1本哲学笔记、1支蜡烛（在安全规定允许的情况下）或1个沙漏。

活动组织

第一、二阶段和拓展活动：孩子们和教师围成一圈，坐在高度相同的椅子上，以便平等地倾听和互动。

第三阶段：孩子们站在教室中间（或者其他合适的场地），进行戏剧艺术实践活动。

第一阶段　活动开始，准备蜡烛或沙漏（5分钟）

让孩子们围坐成一圈，宣布开始今日的哲学工坊。

把蜡烛或沙漏放在圆圈中间。

先让孩子们回忆"黄金法则"，然后集体总结前一节课的内容（仅在必要的情况下才可以翻看哲学笔记）。

第二阶段　柏拉图的《洞穴之喻》（20分钟）

借助于"苏格拉底"玩偶，向孩子们讲述哲学家柏拉图的《洞穴之喻》，该寓言被收录在《理想国》一书中。尽量不要照本宣科，而应面向孩子们讲述故事，并且采用契合孩子们年龄特征的语言表达方式，这样可以更好地吸引他们的注意力。

故事讲完后，将哲学家的名字和故事的标题写在黑板上。

备课时，可为孩子们准备布鲁诺·热（Bruno Jay）编著的少儿图书

《柏拉图的洞穴》(*La caverne de Platon*, 2012), 以下为故事梗概。

> 想象位于地下深处的某个像洞穴一般的场所，那里关着一群囚犯，他们自幼便被关在那里。他们背对着洞口，被绑在一起，只能看见面前的洞穴墙壁上闪过的影子，除此之外什么也看不到。
>
> 一天，其中一个囚犯被带到外面。在那里，他终于见识到了真实的自然和太阳。尽管一开始被耀眼的光芒刺得睁不开眼睛，但他仍为能认识这个世界而感到狂喜，不愿意再回到那个洞穴，但顾及自己和同伴的旧日情谊，他还是回到了洞穴里。他的眼睛因为已经适应了外界的光亮，所以一时看不清黑暗里的事物。他告诉同伴，他们原以为是真实的东西其实只不过是虚影，而他的同伴们都不相信他，还觉得他疯了，并为此惩罚了他。
>
> ——改编自柏拉图的《理想国》

哲学绘画：柏拉图的《洞穴之喻》[1]（8—9 岁儿童作）

---

[1] 图中文字的意思为：影子（ombres）、物体（objets）、火（feu），上面方框中的文字意思是"囚徒发现了真实和虚幻"，下面的文字意思是"柏拉图的《洞穴之喻》"。——译者注

小贴士：《洞穴之喻》体现了一个哲学家（故事中获得了自由的囚犯）从蒙昧（洞穴中的黑暗）走向智慧（阳光）的必经之路，以及从基于经验的"感知"（墙壁上的影子）迈向能够表达真理（再一次借用"太阳"这一比喻）的"理念"的必经之路。柏拉图借由这个故事阐释了他关于知识的理论。

注意采用契合孩子们年龄特征的语言表达方式，确保孩子们能理解每个词语的含义以及故事大意。

让孩子们口头总结故事内容。

进一步向孩子们解释什么是"寓言"。

神话和寓言有什么不同？

神话和寓言都是没有史实依据的叙事形式。在神话中，叙事者，或者更准确地说，复述者本人不是故事的创作者，他只是重述历史上代代相传的传统故事。没有人知道神话故事的真正起源，例如著名的神话故事《罗慕路斯和雷穆斯与罗马的建立》（la fondation de Rome par Romulus et Remus）。寓言故事则通常是由作家或思想家创作的，在这里，《洞穴之喻》的作者是柏拉图（借由他笔下的"苏格拉底"讲述出来）。

第三阶段　从柏拉图的《洞穴之喻》到即兴剧场（20分钟）

根据"整全法"的理念，这个戏剧活动旨在让孩子们以有趣的方式理解《洞穴之喻》的内涵，同时思考故事的内容和展开方式。

将孩子们分组，每组六人。

根据柏拉图的《洞穴之喻》这一寓言故事，请每组的孩子们想象一个不同的结局。孩子们以小组为单位进行思考，然后每个孩子选择一个角色：逃跑的囚犯、留下的囚犯（三人）、墙上的影子和太阳。孩子们最好通过协商分配角色，如果不能，那就通过抽签的形式决定。

每个小组按照顺序表演，编排一个与原来的故事结局不同的新的《洞穴之喻》。

表演结束后，请每个小组说明为什么选择了这样的结局，以培养孩子们的论证能力。

向孩子们解释这个寓言故事的内涵，即柏拉图通过它阐释了自己关于知识的理论（参见第二阶段的小贴士）。

拓展活动：15~30 分钟

小贴士：紧随以上环节开展本次活动。

哲学讨论

询问孩子们："为什么当那个被释放的囚犯回到山洞的时候，他以前的同伴们把他当作疯子，而且想伤害他？"

让孩子们积极思考，并举手发言，用论据论证自己的观点。

教师自己或者事先指定一个孩子（7—11 岁）作为课堂记录员，在黑板上做笔记，记录讨论的关键点。

孩子们可能给出的答案如下所示。

- 因为留下的囚犯们已经认不出他了！而且有时候，我们对陌生人的态度很糟糕。
- 因为自由的囚犯背叛了他的同伴们，所以同伴们想报复他。
- 因为他说了一些他们不想听的事情。
- 因为他们本身就很坏，总忍不住要伤害别人。

启发性问题示例：

- 在你们看来，山洞代表了什么？太阳呢？

◆ 那个囚犯在刚被释放的时候开心吗？为什么？
◆ 他为什么要回到以前的同伴身边呢？
◆ 这个故事让你们想起其他故事了吗（例如苏格拉底本人的故事）？

口头总结本次活动的核心内容（由孩子们或教师完成）。

最后，向孩子们提问："你们对本次哲学工坊感受如何？"请孩子们依次发言。

活动 4　从柏拉图的《洞穴之喻》到影子戏剧

活动时长
45~60 分钟。
材料准备
第一、三阶段：1 本哲学笔记、1 支蜡烛（在安全规定允许的情况下）或 1 个沙漏。 第二阶段：1 个微型舞台、黑色硬纸板、白色铅笔、剪刀、胶带、布、手电筒或射灯和若干根小木棍。
活动组织
第一、三阶段和拓展活动：孩子们和教师围成一圈，坐在高度相同的椅子上，以便平等地倾听和互动。 第二阶段：孩子们站在教室中间（或者其他配备了投影仪的房间），进行戏剧艺术实践活动。

第一阶段　活动开始，准备蜡烛或沙漏（5 分钟）

让孩子们围坐成一圈，宣布开始今日的哲学工坊。

把蜡烛或沙漏放在圆圈中间。

先让孩子们回忆"黄金法则",然后集体总结前一节课的内容(仅在必要的情况下才可以翻看哲学笔记)。

第二阶段　表演影子戏剧(45分钟)

第一步:制作影子戏剧人物(15分钟)

借助于"苏格拉底"玩偶,向孩子们宣布今日问题:"从柏拉图的《洞穴之喻》到影子戏剧",然后将其写在黑板上。

让孩子们绘画并制作代表故事中的人物和物品的影子戏剧道具:

- 未被释放的囚犯;
- 被释放的囚犯;
- 洞穴;
- 火;
- 影子(人、动物和物品);
- 太阳;
- 树;
- 花朵。

每个孩子用白色铅笔在黑色硬纸板上画好以下剪影:被释放的囚犯、洞穴、火堆、其他囚犯、墙壁上的影子、树木和花朵等。

让孩子们沿边缘剪下剪影,用胶带将其固定在小木棍上。

事先准备好一个微型舞台。可以回收利用包装箱,在上面拉起一片布即可,也可以制作一片或数片幕布。

同时,准备好手电筒或射灯,但要注意灯的朝向,不要刺伤孩子们的眼睛。

第二步:分组编排戏剧(20分钟)

《洞穴之喻》全剧可分为以下三幕。

- 洞穴内的场景,囚犯们背对着洞口,看着洞穴墙壁上变幻的影子。
- 获得了自由的囚犯离开洞穴,去探索外面的世界。

◆ 囚犯回到洞穴中，向以前的同伴们描述外面的世界，同伴们反应激烈。

可如前一节课所示，为故事选择不同的结局（例如所有囚犯决定一起离开洞穴）。

将孩子们分成三个小组，每个小组自行思考决定自己的剧本，同时每个孩子也要琢磨自己的角色特征。

旁白部分可以由教师完成（教师也可以和孩子们一起探讨对话及旁白的内容，在这种情况下，活动会持续更长的时间）。

第三步：表演（10分钟）

请每个小组按照顺序表演自己编排的影子戏剧。

一边表演，一边叙述故事。

根据"整全法"，开展这次戏剧活动的目的是充分利用富有趣味性的肢体活动，深挖《洞穴之喻》的内涵，思考故事中的关键点。

第三阶段　总结（10分钟）

请6—7岁的孩子们围绕《洞穴之喻》的内容画一幅画；7—11岁的孩子们则可以在他们的哲学笔记里画一画（或者写一写）他们的思考内容，以及由集体讨论引申出的个人问题。

鼓励孩子们自愿在大家面前分享自己的所画或所写。

口头总结本次活动的核心内容（由孩子们或教师完成）。

最后，向孩子们提问："你们对本次哲学工坊感受如何？"请孩子们依次发言。

哲学绘画：洞穴之喻（8—9岁儿童作）

拓展活动：20~30 分钟

小贴士：此环节活动可视情况延后开展。

哲学讨论：什么是真实的？

请孩子们简要总结前面所讨论的内容，尽量不要翻看哲学笔记。

联系刚才所做的戏剧活动和《洞穴之喻》这个故事的内容，借"苏格拉底"玩偶之口，向孩子们提问："什么是真实的？"

孩子们可能给出的答案如下所示。

- 我们看见的事物。
- 我们摸到的东西。
- 我们自己。
- 动物们。
- 世界。
- 我们想象的东西也是，因为它们是存在的。

启发性问题示例：

- 我们感知到的所有东西都是真实存在的吗？
- "真实"与"现实"有什么不同？
- "现实"与"存在"有什么不同？
- 我们想象出来的事物是现实存在的吗？我们的思想呢？你们能说说为什么吗？
- 你们可以举出例子吗？反例呢？

口头总结本次活动的核心内容（由孩子们或教师完成）。

最后，向孩子们提问："你们对本次哲学工坊感受如何？"请孩子们依次发言。

活动 5　真实还是虚假？

活动时长
45~60 分钟。
材料准备
第一、二、三阶段：1 本哲学笔记、1 支蜡烛（在安全规定允许的情况下）或 1 个沙漏。
活动组织
第一、二阶段和拓展活动：孩子们和教师围成一圈，坐在高度相同的椅子上，以便平等地倾听和互动。 第三阶段：孩子们在桌子旁就座，进行艺术实践活动。

第一阶段　活动开始，准备蜡烛或沙漏（5 分钟）

让孩子们围坐成一圈，宣布开始今日的哲学工坊。

把蜡烛或沙漏放在圆圈中间。

先让孩子们回忆"黄金法则"，然后集体总结前一节课的内容（仅在必要的情况下才可以翻看哲学笔记）。

第二阶段　主题讨论（40 分钟）

借助于"苏格拉底"玩偶，向孩子们宣布今日问题："真实还是虚假？"，并将其写在黑板上。

让孩子们列举一些他们认为是"真"或"假"的事情。

让孩子们积极思考，并举手发言，用论据论证自己的观点。

教师自己或者事先指定一个孩子（7—11 岁）作为课堂记录员，在黑板上做笔记，记录讨论的关键点。

孩子们可能给出的答案如下所示。
- 比如，如果我们说"1 + 1=2"是真的，那么"1 + 1=5"就是假的。
- 石头也有假的，比如假钻石。
- 有时候，人们之所以说事情是假的，是因为人们不知道真相，是我们搞错了。
- 有时候，人们会故意撒谎。
- 一直说真话，真的很不容易。

请孩子们将今日问题抄写（或者粘贴）在自己的哲学笔记里，并让已经会读写的孩子记下自己的心得。

启发性问题示例：
- 一句话在什么时候是真的，在什么时候是假的？
- 有没有不能说真话的情况？你们可以举出例子吗？
- "弄错"和"撒谎"之间有区别吗？是什么呢？
- "错误"和"谎言"之间有区别吗？
- 我们应该一直说真话吗？
- 在什么情况下，撒谎是好的？为什么？
- 你们可以举例证明自己的观点吗？有人可以举反例吗？
- 真相对于所有人而言，在任何地方都是一样的吗？
- 真相在任何时代都是不变的吗？
- 我们应该怀疑真相吗？可以质疑它吗？
- "怀疑"是什么意思？
- 在你们看来，怀疑是好事吗？
- 你们可以举例证明自己的观点吗？有人有不同的意见吗？

小贴士：一个命题，当它的表述和事实相符的时候即为真，反之则为假。例如，"巴黎是法国的首都"是一个真命题，而"罗马是法国的首都"是个假命题。诸如"你喜欢冰激凌吗？"此类的命题则不涉及真假的判定。

在不断激励孩子们思考的同时，教师应引导并陪伴孩子们完成问题化和概念化的过程，从而让他们能够区分"真相"、"谎言"（知道真相但故意掩盖）、"错误"（因不知道真相而犯错）和"错觉"（无法认识真相，被某种情境欺骗）的概念。同时，教师要一如既往地鼓励孩子们通过举正例和反例的方式证明自己的观点，培养他们的论证能力。

第三阶段　总结（15 分钟）

请 6—7 岁的孩子们围绕今日问题"真实还是虚假？"画一幅画；7—11 岁的孩子们则可以在他们的哲学笔记里画一画（或者写一写）他们的思考内容，以及由集体讨论引申出的个人问题。

鼓励孩子们自愿在大家面前分享自己的所画或所写。

口头总结本次活动的核心内容（由孩子们或教师完成）。

最后，向孩子们提问："你们对本次哲学工坊感受如何？"请孩子们依次发言。

拓展活动：20~45 分钟

小贴士：此环节活动可视情况延后开展。

道德困境：应不应该总是说出真相？

小贴士：道德困境指的是迫使人们做出选择的情境或难题，这种选择往往会导向两种道德体系的冲突。在道德困境中，我们不会问"你会怎么做？"，而是"你应该怎么做？"。

请孩子们简要总结前面所讨论的内容，尽量不要翻看哲学笔记。

让孩子们思考以下情境，确保每个孩子都理解故事大意。

> 路易丝和玛丽是最要好的朋友。一天，路易丝很高兴地向朋友们展示了她的新发型：她剪了一头很短的短发，还将其染成了绿色。她一剪好，就询问玛丽的意见，相信玛丽一定能体会到她的这份喜悦。但玛丽心里在想："这发型太难看了。"

道德困境：玛丽应该怎么做？

留给孩子们一段时间，让他们思考以下问题："玛丽是应该冒着伤害路易丝感情的危险说实话，还是为了让她开心说假话？"在这个困境里，两种道德体系产生了冲突：一个道德原则要求我们始终说真话，另一个道德原则要求我们不要伤害他人。

讨论中，教师应鼓励孩子们提供论据（或例子），以捍卫自己的选择。随后，可以让他们举一些反例，以便最终放弃最初的假设或对其进行修正。

请孩子们将今日问题抄写（或者粘贴）在自己的哲学笔记里，并让已经会读写的孩子记下自己的心得。

口头总结本次活动的核心内容（由孩子们或教师完成）。

最后，向孩子们提问："你们对本次哲学工坊感受如何？"请孩子们依次发言。

活动 6　相信还是知道？

活动时长
45~60 分钟。
材料准备
第一至四阶段：1本哲学笔记、1支蜡烛（在安全规定允许的情况下）或1个沙漏。

> **活动组织**
>
> 第一至四阶段：孩子们和教师围成一圈，坐在高度相同的椅子上，以便平等地倾听和互动。
>
> 拓展活动：孩子们在教室（或者其他配备投影仪的场地）站成半圈，以便观看屏幕。

第一阶段　活动开始，准备蜡烛或沙漏（5 分钟）

让孩子们围坐成一圈，宣布开始今日的哲学工坊。

把蜡烛或沙漏放在圆圈中间。

先让孩子们回忆"黄金法则"，然后集体总结前一节课的内容（仅在必要的情况下才可以翻看哲学笔记）。

第二阶段　游戏：你相信还是你知道？（10 分钟）

借助于"苏格拉底"玩偶，向孩子们宣布今日问题："相信还是知道？"，然后请孩子们玩一个小游戏"你相信还是你知道？"，这个游戏的主要内容是回答两个问题。

让孩子们按照顺序补全以"我相信"和"我知道"为开头的两个句子。

在留给孩子们几分钟的思考时间之后，让他们口头分享自己的句子。

第三阶段　主题讨论（35 分钟）

借助于"苏格拉底"玩偶，再一次提醒孩子们今日问题："相信还是知道？"，并将其写在黑板上。

根据刚才玩过的小游戏，让孩子们举一些"人们相信的事情"和"人们知道的事情"的例子。

让孩子们积极思考，并举手发言，用论据论证自己的观点。

教师自己或者事先指定一个孩子（7—11 岁）作为课堂记录员，在黑板上做笔记，记录讨论的关键点。

孩子们可能给出的答案如下所示。

- 我认为我长得丑。
- 科学家也有自己的信仰。
- 有人相信黑猫会带来厄运。
- 有时候，人们会相信一些不真实的事情。

知识示例如下。

- 我知道"1＋1＝2"。
- 我知道我有一个小弟弟。
- 人们知道，太阳围绕地球转（此为儿童常见的误解）。
- 我知道如何自己去上学。
- 班主任知道好多事情。
- 有时候，小孩比大人知道得更多。

请孩子们将今日问题抄写（或者粘贴）在自己的哲学笔记里，并让已经会读写的孩子记下自己的心得。

启发性问题示例：

- 所有我们相信的事情都是真的吗？你们可以解释你们给出的答案吗？
- 相信一件事情，一定先要有证据吗？
- 什么是迷信？
- 你们可以举一个和迷信有关的例子吗？
- 什么是相信？
- 什么是信仰？如何辨别不同的信仰？
- 人们为何会相信某事？
- 人们会相信一些假的事情吗？
- 有不同种类的信仰吗？

- ✦ "知道"是什么意思?
- ✦ 我们需要通过证据才能知道什么吗?
- ✦ 有不同类型的知识吗?
- ✦ 人们可以怀疑自己相信的事情吗?
- ✦ 人们可以质疑自己知道的事情吗?
- ✦ 你们可以举一些例子证明自己的说法吗?反例呢?
- ✦ 什么是意见,什么是坚信?

在不断激励孩子们思考的同时,教师应引导并陪伴孩子们完成问题化和概念化的过程,从而让他们能够区分"相信"和"知道"的概念并辨别不同种类的"信仰"和"知识"。同时,教师要一如既往地鼓励孩子们通过提供论据和举正例及反例的方式证明自己的观点,培养他们的论证能力。

从孩子们的心得出发,拟出与"相信"和"知道"相关的集体定义。

集体定义示例:什么是"相信",什么是"知道"

相信是指在没有确凿证据的情况下,认为某事是真实的。世界上存在不同种类的信念,例如偏见或者迷信(一些错误的看法)、假设(有待验证的命题)、信心(以一种强烈的主观感受为基础的信念)以及信仰(并非理性的确信)。

知道是指因为有证据而确信某事。科学植根于知识,但这不意味着知识在各个时代不会变化。怀疑是科学探索的原动力。

第四阶段 总结(10分钟)

请6—7岁的孩子们围绕今日问题"相信还是知道?"画一幅画;7—11岁的孩子们则可以在他们的哲学笔记里画一画(或者写一写)他们的思考内容,以及由集体讨论引申出的个人问题。

鼓励孩子们自愿在大家面前分享自己的所画或所写。

口头总结本次活动的核心内容（由孩子们或教师完成）。

最后，向孩子们提问："你们对本次哲学工坊感受如何？"请孩子们依次发言。

拓展活动：20~45 分钟

小贴士：此环节活动可视情况延后开展。

看动画片，展开哲学讨论

请孩子们简要总结前面所讨论的内容，尽量不要翻看哲学笔记。

请孩子们观看动画片《米利小姐的十万个为什么》中的《找错误》一集。

> 米利和朱丽叶一起放风筝，但米利的风筝坏了。恼怒的米利把这件事怪在了好朋友朱丽叶身上，并拒绝按计划和朱丽叶一起去海边玩。米利是不是太急于根据表象下结论了呢？

本段视频时长约为 7 分钟，为孩子们深入探讨"相信"和"知道"的概念提供了很好的素材。

活动 1 学校有什么用？

活动时长
45~60 分钟。

> **材料准备**
>
> 第一至三阶段：1本哲学笔记、1支蜡烛（在安全规定允许的情况下）或1个沙漏。
>
> **活动组织**
>
> 第一至三阶段和拓展活动：孩子们和教师围成一圈，坐在高度相同的椅子上，以便平等地倾听和互动。

第一阶段　活动开始，准备蜡烛或沙漏（5分钟）

让孩子们围坐成一圈，宣布开始今日的哲学工坊。

把蜡烛或沙漏放在圆圈中间。

先让孩子们回忆"黄金法则"，然后集体总结前一节课的内容（仅在必要的情况下才可以翻看哲学笔记）。

第二阶段　读哲学格言，展开讨论（40分钟）

借助于"苏格拉底"玩偶，向孩子们宣布今日问题："学校有什么用？"，并将其写在黑板上。

随后向孩子们介绍纳尔逊·曼德拉（Nelson Mandela）的这句格言。

> 教育是改变世界最有力的武器。

大声朗读格言。请确保格言中的词语（比如"武器"）能被孩子们准确理解。随后，让孩子们给出他们对于这句格言的解读，并询问其看法。

让孩子们积极思考，并举手发言，用论据论证自己的观点。

教师自己或者事先指定一个孩子（7—11岁）作为课堂记录员，在黑板上做笔记，记录讨论的关键点。

根据孩子们的年龄和积极性，可简短地介绍一下曼德拉的生平和南非种族隔离政策。

> 纳尔逊·曼德拉（1918—2013）是一位对抗南非种族隔离政策的领袖人物。南非种族隔离政策是白人少数政权于1948—1991年在南非共和国实施的一种制度。因与这一制度对抗，曼德拉于1964年被判处终身监禁。历经27年的牢狱生涯，他终于在1990年被释放。1993年，他被授予诺贝尔和平奖。1994年，在南非首次多种族普选中，他当选为国家总统。

孩子们可能给出的答案如下所示。

- 在学校可以学习读写。
- 在学校可以结交朋友。
- 上学是为了锻炼大脑。
- 我们也可以在学校做其他活动，比如画画和开展体育活动。
- 如果我们好好学习，那么之后会有一份好工作。
- 学校没有什么太大作用，我们可以跟着爸爸妈妈一起学习。
- 在学校，我们会学着独立自主。
- 学校负责教育，但除了在学校里，我们也可以从同学或者父母身上学到东西。
- 如果我们接受好的教育，那么我们就会知道更多的东西，长大后就能有更多的选择。
- 小时候好好在学校学习，长大后，我们就能在遇到事情时更好地做出反应，因为我们拥有了更多的知识。

请孩子们将今日问题抄写（或者粘贴）在自己的哲学笔记里，并让已经会读写的孩子记下自己的心得。

启发性问题示例：

- 学校有用吗？你们可以说说为什么吗？能举例说明吗？
- 学校对于现在的你们有什么作用？以后呢？
- 在你们看来，教育为什么是最有力的武器？

- 你们喜欢上学吗？
- 你们不喜欢学校的哪些方面？
- 学习容易吗？
- 努力有用吗？
- 你们必须上学吗？
- 上学是一项权利吗？
- 你们对那些孩子（尤其是女孩）没机会上学的国家有什么看法？
- 上学，和工作一样吗？

在不断激励孩子们思考的同时，教师应引导孩子们学会总结和提出核心问题，比如这里的"学校有用吗？"，通过询问孩子们学校是否有用来引出今天的假设（上学是有用的）；然后，继续引导孩子们从核心问题出发，深入挖掘，引申出其他子问题。同时，教师要一如既往地鼓励孩子们通过提供论据及举正例和反例的方式证明他们的观点，培养他们的论证能力。

第三阶段　总结（10分钟）

请6—7岁的孩子们围绕今日问题"学校有什么用？"画一幅画；7—11岁的孩子们则可以在他们的哲学笔记里画一画（或者写一写）他们的思考内容，以及由集体讨论引申出的个人问题。

鼓励孩子们自愿在大家面前分享自己的所画或所写。

口头总结本次活动的核心内容（由孩子们或教师完成）。

最后，向孩子们提问："你们对本次哲学工坊感受如何？"请孩子们依次发言。

拓展活动：15~30 分钟

小贴士：此环节活动可视情况延后开展。

读苏格拉底的故事《三个筛子》，展开哲学讨论

请孩子们简要总结前面所讨论的内容，尽量不要翻看哲学笔记。

事先准备三个，上面分别贴着三个标签：真、善、有用，以方便孩子们通过具象化的方式更好地理解故事的内容。

尽量不要照本宣科，而应面向孩子们讲述故事，并且采用契合孩子们年龄特征的语言表达方式，这样可以更好地吸引他们的注意力。

三 个 筛 子

一天，一个人来看望苏格拉底，并对他说：

"苏格拉底，你一定要听我说说你的朋友都做了些什么。"

"等等，"苏格拉底打断道，"你要对我说的内容有没有经过'三个筛子'的过滤？"

"三个筛子？"这个人吃惊地问道。

"没错，我的'三个筛子'。让我们看看你说的内容是否可以通过我那'三个筛子'。'第一个筛子'是真，你能确认你想和我说的内容是真的吗？"

"没有，我是听别人说的，那个……"

"行，那你肯定能通过我的'第二个筛子'，也就是善。如果你要对我说的内容不一定都是真的，那么至少是些好的事情吧？"

那人犹豫地答道："不，不是什么好事，相反……"

"那么，"苏格拉底说道，"至少让我们求助一下'第三个筛子'，看看你要说的内容对我是不是有用。"

"有用？倒也没有。"

"那么，"苏格拉底微笑着说，"如果你要和我说的内容既不是真的，又不是好事，还没有任何用处，那我宁可不知道。至于你，我也建议你忘了这些事……"

——一则关于苏格拉底哲学精神的寓言
（Apologue du philosophe grec Socrate）

确保孩子们能理解每个词语的含义以及故事大意，请他们口头总结故事内容，并提问："学校是否教会了你们一些真、善和有用的东西？"

这个故事可以启发孩子们深入探讨学校的作用，或者更确切地说，探讨知识的作用，这也是这个阶段学习的主题。

如果孩子们愿意，那么他们也可以在今后创造出属于自己的"三个筛子"来陪伴自己，使自己成为真正的小哲学家！

用三条小链条连接的滤网和三块小黑板制作的代表
"真、善、有用"的"三个筛子"